《中华人民共和国民法典》
侵权责任编学习读本

中共中央宣传部宣传教育局
全国人大常委会法制工作委员会民法室
司法部普法与依法治理局
编

中国民主法制出版社

图书在版编目（CIP）数据

《中华人民共和国民法典》侵权责任编学习读本/中共中央宣传部宣传教育局，全国人大常委会法制工作委员会民法室，司法部普法与依法治理局编. —北京：中国民主法制出版社，2021.1

ISBN 978-7-5162-2226-3

Ⅰ. ①中…　Ⅱ. ①中…　②全…　③司…　Ⅲ. ①侵权法—中国—学习参考资料　Ⅳ. ①D923.74

中国版本图书馆 CIP 数据核字（2020）第 069273 号

图书出品人： 刘海涛
出 版 统 筹： 乔先彪
责 任 编 辑： 乔先彪　陈　曦　逯卫光　庞贺鑫
许泽荣　贾萌萌　谢瑾勋

书名/《中华人民共和国民法典》侵权责任编学习读本
作者/ 中共中央宣传部宣传教育局
全国人大常委会法制工作委员会民法室　编
司法部普法与依法治理局

出版·发行/ 中国民主法制出版社
地址/ 北京市丰台区右安门外玉林里 7 号（100069）
电话/（010）63055259（总编室）　63058068　63057714（营销中心）
传真/（010）63055259
http：//www.npcpub.com
E-mail： mzfz@npcpub.com
经销/ 新华书店
开本/ 32 开　880 毫米×1230 毫米
印张/ 8　**字数/** 175 千字
版本/ 2021 年 2 月第 1 版　2021 年 2 月第 1 次印刷
印刷/ 北京新华印刷有限公司

书号/ ISBN 978-7-5162-2226-3
定价/ 34.00 元

出版说明

为深入学习贯彻习近平法治思想，加强民法典学习宣传工作，根据《中共中央宣传部等八部门关于加强民法典学习宣传的通知》要求，中共中央宣传部宣传教育局、全国人大常委会法制工作委员会民法室、司法部普法与依法治理局联合编辑出版了《民法典学习读本系列》，分民法典总则编、物权编、合同编、人格权编、婚姻家庭编、继承编、侵权责任编等7编。编写本书旨在以通俗、凝练、生动的语言，让民法典走到群众身边、走进群众心里，切实增强全民法治观念，提升公民法治素养，夯实依法治国社会基础，供干部群众实践中使用。

2020年12月4日

编　者

习近平在中央政治局第二十次集体学习时强调

充分认识颁布实施民法典重大意义 依法更好保障人民合法权益

《人民日报》（2020年05月30日 01版）

民法典在中国特色社会主义法律体系中具有重要地位，是一部固根本、稳预期、利长远的基础性法律，对推进全面依法治国、加快建设社会主义法治国家，对发展社会主义市场经济、巩固社会主义基本经济制度，对坚持以人民为中心的发展思想、依法维护人民权益、推动我国人权事业发展，对推进国家治理体系和治理能力现代化，都具有重大意义。全党要切实推动民法典实施，以更好推进全面依法治国、建设社会主义法治国家，更好保障人民权益

民法典系统整合了新中国**70**多年来长期实践形成的民事法律规范，汲取了中华民族**5000**多年优秀法律文化，借鉴了人类法治文明建设有益成果，是一部体现我国社会主义性质、符合人民利益和愿望、顺应时代发展要求的民法典，是一部体现对生命健康、财产安全、交易便利、生活幸福、人格尊严等各方面权利平等保护的民法典，是一部具有鲜明中国特色、实践特色、时代特色的民法典

民法典实施水平和效果，是衡量各级党政机关履行为人民服务宗旨的重要尺度。国家机关履行职责、行使职权必须清楚自身行为和活动的范围和界限。各级党和国家机关开展工作要考虑民法典规定，不能侵犯人民群众享有的合法民事权利，包

括人身权利和财产权利。有关政府机关、监察机关、司法机关要依法履行职能、行使职权，保护民事权利不受侵犯、促进民事关系和谐有序

民法典要实施好，就必须让民法典走到群众身边、走进群众心里。要广泛开展民法典普法工作，将其作为“十四五”时期普法工作的重点来抓。要把民法典纳入国民教育体系，加强对青少年民法典教育

新华社北京 5 月 29 日电　中共中央政治局 5 月 29 日下午就“切实实施民法典”举行第二十次集体学习。中共中央总书记习近平在主持学习时强调，民法典在中国特色社会主义法律体系中具有重要地位，是一部固根本、稳预期、利长远的基础性法律，对推进全面依法治国、加快建设社会主义法治国家，对发展社会主义市场经济、巩固社会主义基本经济制度，对坚持以人民为中心的发展思想、依法维护人民权益、推动我国人权事业发展，对推进国家治理体系和治理能力现代化，都具有重大意义。全党要切实推动民法典实施，以更好推进全面依法治国、建设社会主义法治国家，更好保障人民权益。

全国人大常委会法制工作委员会民法室主任、中国法学会行政法学研究会副会长黄薇同志就这个问题进行了讲解，提出了意见和建议。

习近平在主持学习时发表了讲话。他强调，《中华人民共和国民法典》，是新中国成立以来第一部以“法典”命名的法律，是新时代我国社会主义法治建设的重大成果。安排这次集体学习，目的是充分认识颁布实施民法典的重大意义，更好推动民法典实施。

习近平指出，在我国革命、建设、改革各个历史时期，我们党都高度重视民事法律制定实施。改革开放以来，我国民事商事法制建设步伐不断加快，先后制定或修订了一大批民事商事法律，为编纂民法典奠定了基础、积累了经验。党的十八大以来，我们顺应实践发展要求和人民群众期待，把编纂民法典摆上重要日程。党的十八届四中全会作出关于全面推进依法治国若干重大问题的决定，其中对编纂民法典作出部署。在各方面共同努力下，经过5年多工作，民法典终于颁布实施，实现了几代人的夙愿。

习近平强调，民法典系统整合了新中国70多年来长期实践形成的民事法律规范，汲取了中华民族5000多年优秀法律文化，借鉴了人类法治文明建设有益成果，是一部体现我国社会主义性质、符合人民利益和愿望、顺应时代发展要求的民法典，是一部体现对生命健康、财产安全、交易便利、生活幸福、人格尊严等各方面权利平等保护的民法典，是一部具有鲜明中国特色、实践特色、时代特色的民法典。

习近平指出，要加强民法典重大意义的宣传教育，讲清楚实施好民法典，是坚持以人民为中心、保障人民权益实现和发展的必然要求，是发展社会主义市场经济、巩固社会主义基本经济制度的必然要求，是提高我们党治国理政水平的必然要求。民法典实施水平和效果，是衡量各级党政机关履行为人民服务宗旨的重要尺度。国家机关履行职责、行使职权必须清楚自身行为和活动的范围和界限。各级党和国家机关开展工作要考虑民法典规定，不能侵犯人民群众享有的合法民事权利，包括人身权利和财产权利。有关政府机关、监察机关、司法机关要依法履行职能、行使职权，保护民事权利不受侵犯、促进民事关系和谐有序。

习近平强调，有关国家机关要适应改革开放和社会主义现代化建设要求，加强同民法典相关联、相配套的法律法规制度建设，不断总结实践经验，修改完善相关法律法规和司法解释。对同民法典规定和原则不一致的国家有关规定，要抓紧清理，该修改的修改，该废止的废止。要发挥法律解释的作用，及时明确法律规定含义和适用法律依据，保持民法典稳定性和适应性相统一。随着经济社会不断发展、经济社会生活中各种利益关系不断变化，民法典在实施过程中必然会遇到一些新情况新问题。要坚持问题导向，适应技术发展进步新需要，在新的实践基础上推动民法典不断完善和发展。

习近平指出，严格规范公正文明执法，提高司法公信力，是维护民法典权威的有效手段。各级政府要以保证民法典有效实施为重要抓手推进法治政府建设，把民法典作为行政决策、行政管理、行政监督的重要标尺，不得违背法律法规随意作出减损公民、法人和其他组织合法权益或增加其义务的决定。要规范行政许可、行政处罚、行政强制、行政征收、行政收费、行政检查、行政裁决等活动，提高依法行政能力和水平。依法严肃处理侵犯群众合法权益的行为和人员。民事案件同人民群众权益联系最直接最密切。各级司法机关要秉持公正司法，提高民事案件审判水平和效率。要加强民事司法工作，提高办案质量和司法公信力。要及时完善相关民事司法解释，使之同民法典及有关法律规定和精神保持一致，统一民事法律适用标准。要加强对涉及财产权保护、人格权保护、知识产权保护、生态环境保护等重点领域的民事审判工作和监督指导工作，及时回应社会关切。要加强民事检察工作，加强对司法活动的监督，畅通司法救济渠道，保护公民、法人和其他组织合法权益，坚决防止以刑事案件名义插手民事纠纷、经济纠纷。要充分发挥律师事务所和律师等法律专业机构、专业人员的作用，帮助群众实现和维护自身合法权益，同时要发挥人民调解、商事仲裁等多元化纠纷解决机制的作用，加强法律援助、司法救助等工作，通过社会力量和基层组织务实解决民事纠纷，多方面推进民法典实施工作。

习近平强调，民法典要实施好，就必须让民法典走到群众身边、走进群众心里。要广泛开展民法典普法工作，将其作为“十四五”时期普法工作的重点来抓，引导群众认识到民法典既是保护自身权益的法典，也是全体社会成员都必须遵循的规范，养成自觉守法的意识，形成遇事找法的习惯，培养解决问题靠法的意识和能力。要把民法典纳入国民教育体系，加强对青少年民法典教育。要聚焦民法典总则编和各分编需要把握好的核心要义和重点问题，阐释好民法典关于民事活动平等、自愿、公平、诚信等基本原则，阐释好民法典关于坚持主体平等、保护财产权利、便利交易流转、维护人格尊严、促进家庭和谐、追究侵权责任等基本要求，阐释好民法典一系列新规定新概念新精神。

习近平强调，要坚持以中国特色社会主义法治理论为指导，立足我国国情和实际，加强对民事法律制度的理论研究，尽快构建体现我国社会主义性质，具有鲜明中国特色、实践特色、时代特色的民法理论体系和话语体系，为有效实施民法典、发展我国民事法律制度提供理论支撑。

习近平指出，各级党和国家机关要带头宣传、推进、保障民法典实施，加强检查和监督，确保民法典得到全面有效执行。各级领导干部要做学习、遵守、维护民法典的表率，提高运用民法典维护人民权益、化解矛盾纠纷、促进社会和谐稳定能力和水平。

习近平在中央全面依法治国工作会议上强调

坚定不移走中国特色社会主义法治道路 为全面建设社会主义现代化国家 提供有力法治保障

李克强主持　栗战书汪洋赵乐际韩正出席　王沪宁讲话

《人民日报》（2020年11月18日　第01版）

推进全面依法治国要全面贯彻落实党的十九大和十九届二中、三中、四中、五中全会精神，从把握新发展阶段、贯彻新发展理念、构建新发展格局的实际出发，围绕建设中国特色社会主义法治体系、建设社会主义法治国家的总目标，坚持党的领导、人民当家作主、依法治国有机统一，以解决法治领域突出问题为着力点，坚定不移走中国特色社会主义法治道路，在法治轨道上推进国家治理体系和治理能力现代化，为全面建设社会主义现代化国家、实现中华民族伟大复兴的中国梦提供有力法治保障

习近平法治思想内涵丰富、论述深刻、逻辑严密、系统完备，从历史和现实相贯通、国际和国内相关联、理论和实际相结合上深刻回答了新时代为什么实行全面依法治国、怎样实行全面依法治国等一系列重大问题。习近平法治思想是顺应实现中华民族伟大复兴时代要求应运而生的重大理论创新成果，是马克思主义法治理论中国化最新成果，是习近平新时代中国特色社会主义思想的重要组成部分，是全面依法治国的根本遵循和行动指南。全党全国要认真学习领会习近平法治思想，吃透基本精神、把握核心要义、明确工作要求，切实把习近平法治

思想贯彻落实到全面依法治国全过程

要坚持党对全面依法治国的领导。要坚持以人民为中心。要坚持中国特色社会主义法治道路。要坚持依宪治国、依宪执政。要坚持在法治轨道上推进国家治理体系和治理能力现代化。要坚持建设中国特色社会主义法治体系。要坚持依法治国、依法执政、依法行政共同推进，法治国家、法治政府、法治社会一体建设。要坚持全面推进科学立法、严格执法、公正司法、全民守法。要坚持统筹推进国内法治和涉外法治。要坚持建设德才兼备的高素质法治工作队伍。要坚持抓住领导干部这个"关键少数"

本报北京11月17日电　中央全面依法治国工作会议11月16日至17日在北京召开。中共中央总书记、国家主席、中央军委主席习近平出席会议并发表重要讲话，强调推进全面依法治国要全面贯彻落实党的十九大和十九届二中、三中、四中、五中全会精神，从把握新发展阶段、贯彻新发展理念、构建新发展格局的实际出发，围绕建设中国特色社会主义法治体系、建设社会主义法治国家的总目标，坚持党的领导、人民当家作主、依法治国有机统一，以解决法治领域突出问题为着力点，坚定不移走中国特色社会主义法治道路，在法治轨道上推进国家治理体系和治理能力现代化，为全面建设社会主义现代化国家、实现中华民族伟大复兴的中国梦提供有力法治保障。

会议强调，习近平法治思想内涵丰富、论述深刻、逻辑严密、系统完备，从历史和现实相贯通、国际和国内相关联、理论和实际相结合上深刻回答了新时代为什么实行全面依法治国、怎样实行全面依法治国等一系列重大问题。习近平法治思想是顺应实现中华民族伟大复兴时代要求应运而生的重大理论创新成果，是马克思主义法治理论中国化最新成果，是习近平新时代中国特色社会主义思想的重要组成部分，是全面依法治国的根本遵循和行动指南。全党全国要认真学习领会习近平法治思想，吃透基本精神、把握核心要义、明确工作要求，切实把习近平法治思想贯彻落实到全面依法治国全过程。

李克强主持会议。栗战书、汪洋、赵乐际、韩正出席会议。王沪宁作总结讲话。

习近平在讲话中强调，我们党历来重视法治建设。党的十八大以来，党中央明确提出全面依法治国，并将其纳入“四个全面”战略布局予以有力推进。党的十八届四中全会专门进行研究，作出关于全面推进依法治国若干重大问题的决定。党的十九大召开后，党中央组建中央全面依法治国委员会，从全局和战略高度对全面依法治国又作出一系列重大决策部署，推动我国社会主义法治建设发生历史性变革、取得历史性成就，全面依法治国实践取得重大进展。

习近平对当前和今后一个时期推进全面依法治国要重点抓好的工作提出了11个方面的要求。

习近平强调，要坚持党对全面依法治国的领导。党的领导是推进全面依法治国的根本保证。国际国内环境越是复杂，改革开放和社会主义现代化建设任务越是繁重，越要运用法治思维和法治手段巩固执政地位、改善执政方式、提高执政能力，保证党和国家长治久安。全面依法治国是要加强和改善党的领导，健全党领导全面依法治国的制度和工作机制，推进党的领导制度化、法治化，通过法治保障党的路线方针政策有效实施。

习近平强调，要坚持以人民为中心。全面依法治国最广泛、最深厚的基础是人民，必须坚持为了人民、依靠人民。要把体现人民利益、反映人民愿望、维护人民权益、增进人民福祉落实到全面依法治国各领域全过程。推进全面依法治国，根本目的是依法保障人民权益。要积极回应人民群众新要求新期待，系统研究谋划和解决法治领域人民群众反映强烈的突出问题，不断增强人民群众获得感、幸福感、安全感，用法治保障人民安居乐业。

习近平指出，要坚持中国特色社会主义法治道路。中国特色社会主义法治道路本质上是中国特色社会主义道路在法治领域的具体体现。既要立足当前，运用法治思维和法治方式解决经济社会发展面临的深层次问题；又要着眼长远，筑法治之基、行法治之力、积法治之势，促进各方面制度更加成熟更加定型，为党和国家事业发展提供长期性的制度保障。要传承中华优秀传统法律文化，从我国革命、建设、改革的实践中探索适合自己的法治道路，同时借鉴国外法治有益成果，为全面建设社会主义现代化国家、实现中华民族伟大复兴夯实法治基础。

习近平强调，要坚持依宪治国、依宪执政。党领导人民制定宪法法律，领导人民实施宪法法律，党自身要在宪法法律范围内活动。全国各族人民、一切国家机关和武装力量、各政党和各社会团体、各企业事业组织，都必须以宪法为根本的活动准则，都负有维护宪法尊严、保证宪法实施的职责。坚持依宪治国、依宪执政，就包括坚持宪法确定的中国共产党领导地位不动摇，坚持宪法确定的人民民主专政的国体和人民代表大会制度的政体不动摇。

习近平指出，要坚持在法治轨道上推进国家治理体系和治理能力现代化。法治是国家治理体系和治理能力的重要依托。只有全面依法治国才能有效保障国家治理体系的系统性、规范性、协调性，才能最大限度凝聚社会共识。在统筹推进伟大斗争、伟大工程、伟大事业、伟大梦想的实践中，在全面建设社会主义现代化国家新征程上，我们要更加重视法治、厉行法治，更好发挥法治固根本、稳预期、利长远的重要作用，坚持依法应对重大挑战、抵御重大风险、克服重大阻力、解决重大矛盾。

习近平指出，要坚持建设中国特色社会主义法治体系。中国特色社会主义法治体系是推进全面依法治国的总抓手。要加快形成完备的法律规范体系、高效的法治实施体系、严密的法治监督体系、有力的法治保障体系，形成完善的党内法规体系。要坚持依法治国和以德治国相结合，实现法治和德治相辅相成、相得益彰。要积极推进国家安全、科技创新、公共卫生、生物安全、生态文明、防范风险、涉外法治等重要领域立法，健全国家治理急需的法律制度、满足人民日益增长的美好生活需要必备的法律制度，以良法善治保障新业态新模式健康发展。

习近平强调，要坚持依法治国、依法执政、依法行政共同推进，法治国家、法治政府、法治社会一体建设。全面依法治国是一个系统工程，要整体谋划，更加注重系统性、整体性、协同性。法治政府建设是重点任务和主体工程，要率先突破，用法治给行政权力定规矩、划界限，规范行政决策程序，加快转变政府职能。要推进严格规范公正文明执法，提高司法公信力。普法工作要在针对性和实效性上下功夫，特别是要加强青少年法治教育，不断提升全体公民法治意识和法治素养。要完善预防性法律制度，坚持和发展新时代“枫桥经验”，促进社会和谐稳定。

习近平指出，要坚持全面推进科学立法、严格执法、公正司法、全民守法。要继续推进法治领域改革，解决好立法、执法、司法、守法等领域的突出矛盾和问题。公平正义是司法的灵魂和生命。要深化司法责任制综合配套改革，加强司法制约监督，健全社会公平正义法治保障制度，努力让人民群众在每一个司法案件中感受到公平正义。要加快构建规范高效的制约监督体系。要推动扫黑除恶常态化，坚决打击黑恶势力及其“保护伞”，让城乡更安宁、群众更安乐。

习近平强调，要坚持统筹推进国内法治和涉外法治。要加快涉外法治工作战略布局，协调推进国内治理和国际治理，更好维护国家主权、安全、发展利益。要强化法治思维，运用法治方式，有效应对挑战、防范风险，综合利用立法、执法、司法等手段开展斗争，坚决维护国家主权、尊严和核心利益。要推动全球治理变革，推动构建人类命运共同体。

习近平指出，要坚持建设德才兼备的高素质法治工作队伍。要加强理想信念教育，深入开展社会主义核心价值观和社会主义法治理念教育，推进法治专门队伍革命化、正规化、专业化、职业化，确保做到忠于党、忠于国家、忠于人民、忠于法律。要教育引导法律服务工作者坚持正确政治方向，依法依规诚信执业，认真履行社会责任。

习近平强调，要坚持抓住领导干部这个“关键少数”。各级领导干部要坚决贯彻落实党中央关于全面依法治国的重大决策部署，带头尊崇法治、敬畏法律，了解法律、掌握法律，不断提高运用法治思维和法治方式深化改革、推动发展、化解矛盾、维护稳定、应对风险的能力，做尊法学法守法用法的模范。要力戒形式主义、官僚主义，确保全面依法治国各项任务真正落到实处。

习近平指出，推进全面依法治国是国家治理的一场深刻变革，必须以科学理论为指导，加强理论思维，不断从理论和实践的结合上取得新成果，总结好、运用好党关于新时代加强法治建设的思想理论成果，更好指导全面依法治国各项工作。

李克强在主持会议时指出，习近平总书记的重要讲话全面总结了党的十八大以来法治建设取得的成就，深刻阐明了深入推进新时代全面依法治国的重大意义，系统阐述了新时代中国特色社会主义法治思想，科学回答了中国特色社会主义法治建设一系列重大理论和实践问题，对当前和今后一个时期全面依法治国工作作出了战略部署，具有很强的政治性、思想性、理论性，是指导新时代全面依法治国的纲领性文献。要认真学习领会和贯彻落实。要增强“四个意识”、坚定“四个自信”、做到“两个维护”，把会议精神转化为做好全面依法治国各项工作的强大动力，转化为推进法治建设的思路举措，转化为全面建设社会主义法治国家的生动实践，不断开创法治中国建设新局面。

王沪宁在总结讲话中表示，习近平总书记重要讲话高屋建瓴、视野宏阔、内涵丰富、思想深刻，体现了深远的战略思维、鲜明的政治导向、强烈的历史担当、真挚的为民情怀，是指导新时代全面依法治国的纲领性文献。要全面准确学习领会习近平法治思想，牢牢把握全面依法治国政治方向、重要地位、工作布局、重点任务、重大关系、重要保障，切实在全面依法治国各项工作中加以贯彻落实。

中央宣传部、生态环境部负责同志，北京、上海、浙江、广东4省市党委全面依法治省（市）委员会办公室主任作交流发言。

中共中央政治局委员、中央书记处书记，全国人大常委会有关领导同志，国务委员，最高人民法院院长，最高人民检察院检察长，全国政协有关领导同志等出席会议。

中央全面依法治国委员会委员，各省区市和计划单列市、新疆生产建设兵团党委全面依法治省（区、市、兵团）委员会主任，中央和国家机关有关部门、有关人民团体、中央军委机关有关部门主要负责同志等参加会议。

目录

CONTENTS

第七编　侵权责任

侵权责任是民事主体侵害他人权益应当承担的法律后果。2009 年通过的侵权责任法实施以来，在保护民事主体合法权益、明确侵权责任、预防和制裁侵权行为方面发挥了重要作用。民法典侵权责任编在总结侵权责任法实践经验的基础上，针对侵权领域出现的新情况，回应社会关切，广泛听取和吸收各方面意见，借鉴司法解释的有益做法，体现法学理论研究的最新成果，对侵权责任制度作了必要的补充和完善。侵权责任编共十章、九十五条。

第一章　一般规定

本章共十五条，主要规定了侵权责任编的调整对象、过错责任和过错推定责任、无过错责任、侵权责任的承担方式、共同侵权及其责任承担、教唆帮助他人侵权的责任承担、共同危险行为及责任承担、无意思联络承担连带责任的分别侵权、无意思联络的分别侵权、过错相抵、受害人故意、第三人侵权、自甘风险、自力救济等。

第一千一百六十四条　本编调整因侵害民事权益产生的民事关系。

❖ 条文主旨 ❖

本条是关于侵权责任编调整对象的规定。

❖ 条文解读 ❖

第一，侵权责任编的保护对象为“民事权益”。在民法典的编纂过程中，有的意见提出，侵权责任编首先应当明确法律保护什么权利和利益。侵权责任法第 2 条第 2 款的规定，清晰明确地指出了侵权责任编的保护对象，具有理论价值和实践价值，建议在民法典侵权责任编中保留这一规定。经研究认为，一是侵权责任法第 2 条第 2 款的规定，与民法典总则编关于民事权利权益的逻辑分类和表述不尽一致。如果保留侵权责任法的表述，则与总则编的表述存在矛盾，一部法律中不应如此；如果按照总则编的逻辑分类再表述一遍，则形成赘述，立法技术不高。二是对侵权责任编的保护对象，应当放在民法典的宏观角度看待和把握。总则编规定了民事权利权益，侵权责任编保护哪些民事权利权益可参照总则编的规定，不需要再行规定。因此，民法典侵权责任编并未保留侵权责任法的相关规定。

从民法典总则编第五章“民事权利”的规定可以看出，民事主体享有的权益主要有：第 110 条规定自然人享有的生命权、身体权、健康权、姓名权、肖像权、名誉权、荣誉权、隐私权、婚姻自主权等权利；法人、非法人组织享有的名称权、名誉权和荣誉权。第 111 条规定自然人的个人信息。第 112 条规定自然人因婚姻家庭关系等产生的人身权利。第 113 条规定的财产权利。第 114 条规定的物权。第 118 条规定的债权。第 123 条规定的知识产权。第 124 条规定的继承权。第 125 条规定的股权和其他投资性权利。第 126 条规定的法律规定的其他民事权利和利益。第 127 条规定的数据、网络虚拟财产。

第二，在保护程度和侵权构成要件上，侵权责任编对民事权利和民事利益没有作区分。考虑实践中，权利和利益的界限较为模糊，很难清楚地加以划分；对于什么是权利，意见纷纭。从权利的形式上看，法律明确规定某某权的当然属于权利，但法律没有明文规定某某权而又需要保护的，不一定就不是权利。而且，权利和利益本身是可以相互转换的，有些利益随着社会发展纠纷增多，法院通过判例将原来认定为利益的转而认定为权利，即将利益“权利化”。所以，本条没有区分权利和利益，而是统一规定：“本编调整因侵害民事权益产生的民事关系。”

第三，侵权责任编不调整违约责任问题。合同债权也是一种民事权益，但它原则上不属于侵权责任编的保护范围。本条规定“侵害民事权益”不涉及违约责任问题。对于第三人侵害债权是否受侵权责任编调整，没有形成共识，因此，仍没有明确规定。我们认为，如果第三人侵害债权的行为足够恶劣，有了过错，能够构成相应侵权行为的，可以适用本编规定。

第一千一百六十五条　行为人因过错侵害他人民事权益造成损害的，应当承担侵权责任。

依照法律规定推定行为人有过错，其不能证明自己没有过错的，应当承担侵权责任。

❖ 条文主旨 ❖

本条是关于过错责任和过错推定责任归责原则的规定。

❖ 条文解读 ❖

我国于1986年颁布的民法通则确认了过错责任原则，2009年颁布的侵权责任法重申过错责任原则是侵权责任法的基本归责原则。民法典侵权责任编编纂过程中，有的意见提出，侵权责任法对过错责任的规定，在构成要件上不完整，建议补充上关于行为后果的表述。民法典侵权责任编草案二审稿采纳了这一建议，将侵权责任法的规定修改为“行为人因过错侵害他人民事权益造成损害的”。2020 年 5 月民法典草案提请十三届全国人大三次会议审议过程中，有的提出，本条第 2 款用了两个“行为人”，略显重复。经研究，将第二个“行为人”修改为“其”。

根据本条第 1 款的规定，只要同时满足以下条件，行为人就应承担侵权责任：

一是行为人实施了某一行为。这里的行为包括作为和不作为。

二是行为人行为时有过错。过错是确定行为人是否承担侵权责任的核心要件。过错是行为人行为时的一种应受谴责的心理状态。正是由于这种应受谴责的心理状态，法律要对行为人所实施的行为作否定性评价，让其承担侵权责任。过错分为故意和过失。故意，是指行为人预见到自己的行为会导致某一损害后果而希望或者放任该后果发生的一种主观心理状态。过失，是指行为人因疏忽或者轻信而使自己未履行应有注意义务的一种心理状态。故意与过失的主要区别是：故意表现为行为人对损害后果的追求、放任心态，而过失表现为行为人不希望、不追求、不放任损害后果的心态。

三是受害人的民事权益受到损害，即要求有损害后果，这一点是民法典侵权责任编与以往立法相比的重大变化。损害，是指行为人的行为对受害人的民事权益造成的不利后果，通常表现为：财产减少、生命丧失、身体残疾、名誉受损、精神痛苦等。需要强调的一点是，这里的“损害”是一个范围比较广的概念，不但包括现实的已经存在的“现实损害”，还包括构成现实威胁的“不利后果”，如某人的房屋倾斜，如其不采取防范措施，导致房屋随时有可能倒塌损害他人的人身、财产安全。实践中，受害人大多数情况下受到的是现实损害，这种损害相对容易被认定和证明。在一些情况下，行为人的行为也可能对受害人的民事权益造成现实威胁，为防止其转化成现实损害，行为人也应当承担侵权责任，这有利于保护受害人，体现了侵权责任编预防侵权行为的立法目的，也是现代侵权责任法的发展趋势，本法第1167条规定的内容就包含了这层意思。根据该条规定，侵权行为危及他人人身、财产安全的，被侵权人有权请求侵权人承担停止侵害、排除妨碍、消除危险等侵权责任。但是，必须明确，排除妨害、消除危险等侵权责任的承担方式，是基于物权、人格权等绝对权而产生的保护性请求权，不要求有损害结果。本法第1165条第1款中的过错是针对损害赔偿来说的，因此要“造成损害”，也就是有损害结果。

四是行为人的行为与受害人的损害之间有因果关系。因果关系，是指行为人的行为作为原因，损害事实作为结果，在二者之间存在的前者导致后者发生的客观联系。因果关系是侵权责任的重要构成要件，在行为与损害事实之间确定存在因果关系的，就有可能构成侵权责任，没有因果关系就必然地不构成侵权责任。

在过错责任原则中，通常由受害人证明行为人是否有过错，但在一些情况下也适用过错推定。所谓过错推定，是指根据法律规定推定行为人有过错，行为人不能证明自己没有过错的，应当承担侵权责任。在传统的过错责任原则下，受害人向加害人行使请求权时必须证明加害人具有过错，但过错是行为人的一种主观心理状态，受害人证明起来比较困难。加之，进入现代社会后，各种机器设备大量出现，专业分工亦极为细密，碍于专业知识所限，受害人证明加害人的过错就更为困难。为了既能维持过错责任原则的地位不被动摇，又能有效保护和救济受害人，一些国家和地区发展出了减轻受害人举证责任的规则，我国在司法实践中采用了“过错推定”。过错推定实质就是从侵害事实中推定行为人有过错，免除了受害人对过错的举证责任，加重了行为人的证明责任，更有利于保护受害一方的利益，也可更有效地制裁侵权行为。对此，本条第 2 款明确规定了过错推定。过错推定包含在过错责任原则中，但与一般过错责任有较大的不同。近百年来，过错推定与无过错责任原则共同发展，从其他国家过错推定实施和发展的结果看，过错推定近似于无过错责任原则。因此，对行为人而言，这是一种较重的责任，不宜被滥用，需要由法律对适用范围作严格限定，否则就有可能限制人们的行动自由。本条第 2 款也强调，法律规定行为人有过错，行为人不能证明自己没有过错的，才应当承担侵权责任。法律没有规定过错推定的，仍应由受害一方承担过错的证明责任。

❖ 案例分析 ❖

2019 年 9 月 23 日 19 时 40 分左右，郭某骑行折叠自行车与 5 岁儿童罗某相撞，造成罗某右颌受伤，出血倒地。在旁的孙某见此情况后，将罗某扶起，并通过微信语音通话功能与罗某母亲李某联系，但无人接听。孙某随即让身旁的邻居去通知李某，并让郭某等待罗某家长前来处理。郭某声称是罗某撞了自己，由于自己还有事，需要离开。因此，郭某与孙某发生言语争执，争执中孙某挡在郭某的自行车前阻拦其离开。同时，孙某拨打“110”报警电话。郭某在将自行车停好，坐在石墩后不到两分钟也随即倒地。孙某提交的一段时长 14 秒事发状况视频显示，郭某倒在地上，试图起身；孙某则操作手机，报告位置。之后，孙某拨打“120”急救电话，在将自己孩子送回家后返回现场。医护人员抵达现场后，立即对郭某实施抢救，最终郭某经抢救无效，心脏骤停死亡。事后调查显示，郭某曾于2019年9月4日因“意识不清伴肢体抽搐1小时”为主诉入住河南省信阳市中心医院，后被诊断为“右侧脑梗死，继发性癫痫，高血压病3级（极高危），2型糖尿病，脑血管畸形，阵发性心房颤动”。郭某家属提起诉讼，要求孙某承担侵权损害赔偿。

法院经审理认为：本案争议的焦点问题是被告孙某是否实施了侵权行为；孙某阻拦郭某离开的行为与郭某死亡的结果之间是否有因果关系；孙某是否有过错。第一，郭某骑自行车与年幼的罗某相撞之后，罗某右颌受伤出血并倒在地上。孙某见到郭某与罗某相撞后，为保护罗某的利益，让郭某等待罗某的母亲前来处理相撞事宜，其行为符合常理。在阻拦过程中，虽然孙某与郭某发生言语争执，但言语并不过激，双方没有发生肢体冲突。因此，孙某的劝阻行为是合法行为，且没有超过合理限度，不具有违法性，应予以肯定与支持。第二，郭某自身患脑梗、高血压、心脏病、糖尿病、继发性癫痫等多种疾病，事发当月曾在医院就医，事发前一周应其本人及家属要求出院。孙某的阻拦行为本身不会造成郭某死亡的结果，郭某实际死亡原因为心脏骤停。因此，孙某的阻拦行为与郭某死亡的后果之间并不存在法律上的因果关系。第三，虽然孙某阻拦郭某离开，诱发郭某情绪激动，但是，事发前孙某与郭某并不认识，不知道郭某身患多种危险疾病。孙某阻拦郭某的行为目的是为了保护儿童利益，并不存在侵害郭某的故意或过失。在郭某倒地后，孙某拨打“120”急救电话予以救助。由此可见，孙某对郭某的死亡无法预见，其对郭某的死亡后果发生没有过错。综上，法院驳回原告的诉讼请求。

第一千一百六十六条　行为人造成他人民事权益损害，不论行为人有无过错，法律规定应当承担侵权责任的，依照其规定。

❖ 条文主旨 ❖

本条是关于无过错责任归责原则的规定。

❖ 条文解读 ❖

无过错责任是指不以行为人的过错为要件，只要其活动或者所管理的人、物损害了他人的民事权益，除非有法定的免责事由，否则行为人就要承担侵权责任。在法律规定适用无过错责任原则的案件中，法官判断被告应否承担侵权责任时，不考虑被告有无过错，不要求原告证明被告有过错，也不允许被告主张自己无过错而请求免责。只要审理查明，被告的行为与原告损害之间存在因果关系，即可判决被告承担侵权责任。由于这种责任的承担，并不考虑行为人的主观意识状态，而只考虑损害结果和免责事由，故又被称为客观责任；与过错责任原则相比，这种责任在承担条件和责任后果上更为严格，故也被称为严格责任。适用无过错责任原则的意义在于加重行为人责任，及时救济受害人，使其损害赔偿请求权更容易实现。

我国 1986 年颁布的民法通则第 106 条第 3 款确立了无过错责任原则，具有重大实践意义和理论意义。侵权责任法第 7 条继承了民法通则的规定，并在此基础上进一步明确了无过错责任原则的内涵。在民法典侵权责任编的编纂过程中，有的意见提出，侵权责任法第 7 条中“行为人损害他人民事权益，不论行为人有无过错”的表述，用了两个“行为人”有赘语之嫌疑，建议删除一个。我们研究认为，这种观点在侵权责任法制定时就有，侵权责任法的这一表述是有明确用意的。无过错责任原则的精髓并不是行为人没有过错也要承担侵权责任，而是在确定行为人是否承担侵权责任时，不管其有无过错，受害一方也不用证明行为人是否有过错。这一条用了两个“行为人”，第一个“行为人”重在排除第三人侵权的情形；第二个“行为人”意在明确承担无过错责任不考虑行为人有无过错，只要法律明确规定应当承担侵权责任，就需要承担。该表述不仅准确体现了无过错责任原则的内涵，解决了对“无过错”的理解问题，也解决了无过错责任原则的责任构成要件问题。民法典侵权责任编基本继承了侵权责任法的规定，仅将“行为人损害他人民事权益”修改为“行为人造成他人民事权益损害”，以与过错责任的表述相一致。

根据本条规定，无过错责任的构成要件有四个：一是行为；二是受害人的损害；三是行为与损害之间具有因果关系；四是法律规定应当承担侵权责任，即不存在法定的免责的情形。

在许多适用无过错责任原则的领域，法律使行为人承担无过错责任，并非因为其从事了法律禁止的活动，而恰恰相反，这些活动是社会经济发展所必需的，社会允许其存在。但是，由于这些活动有较高的危险风险，且多数是不可控制的，即使采取所有预防意外的措施，也不可能避免危险，如飞机遇到空中的飞鸟、突遇恶劣天气而坠机等，法律允许这些活动的条件是行为人必须对这种风险产生的后果负责。

这里需要强调以下几点：

一是设立无过错责任原则的主要目的是免除受害人证明行为人过错的举证责任，使受害人易于获得损害赔偿，使行为人不能逃脱侵权责任。事实上，从我国审判实践的情况看，适用无过错责任原则的大多数案件中，行为人基本上都是有过错的。

二是无过错责任并不是绝对责任，在适用无过错责任原则的案件中，行为人可以向法官主张法定的不承担责任或者减轻责任的事由。法律根据行为的危险程度，对适用无过错责任原则的不同侵权类型规定了不同的不承担责任或者减轻责任的事由。例如，在产品责任案件中，产品制造者可以证明产品投入流通时，引起损害的缺陷尚不存在而免除自己的侵权责任；在高度危险物致损案件中，高度危险作业人可以证明受害人故意造成损害而免除自己的责任，等等。

三是在适用无过错责任原则的侵权案件中，只是不考虑行为人过错，并非不考虑受害人过错。如果受害人对损害的发生也有过错的，在有的情况下可以减轻，甚至免除行为人的侵权责任。

四是本条关于无过错责任原则的规定，是为了在一些特定领域排除过错责任原则的适用。本条的规定只是为了表明无过错责任原则在我国是与过错责任原则并列的归责原则，适用无过错责任原则的案件，所依据的是本法或者其他法律关于无过错责任的具体规定。本法或者其他法律未明确规定适用无过错责任原则的案件，均属于过错责任原则的适用范围。法官不能在法律没有明确规定适用无过错责任原则的情况下，擅自适用该原则。强调这一点，主要是考虑到无过错责任是一种极为严格的责任，若由法官自由决定是否适用该原则，有可能妨碍人们的行为自由和社会进步。立法者在决定哪些领域应当适用无过错责任原则时比较慎重。侵权责任编明确规定了几种适用无过错责任原则的特殊侵权行为，如第四章的产品责任、第七章的环境污染和生态破坏责任以及第八章的高度危险责任。其他法律也可以根据实践发展和社会需要规定适用无过错责任原则的领域。这里需要注意的是，第八章规定的高度危险责任比较特殊，根据本法第 1236 条的规定，从事高度危险作业造成他人损害的，应当承担侵权责任。该规定没有限制高度危险责任的具体适用范围，是开放的和动态的，只要从事高度危险作业的，就要承担无过错责任。高度危险作业的内涵和外延可以随着社会的发展而扩展。出现新的高度危险作业的，根据实践需要，可用司法解释或者立法解释的方式，也可用单行法的方式包含进来。该规定可以说为将来无过错责任原则的扩大适用留有余地。

五是适用无过错责任原则在赔偿数额上可能存在限制。许多适用无过错责任原则的活动是社会所需要的，法律允许这些活动的存在，但如果法律对这些领域发生的事故赔偿数额没有限制，就有可能过分加重行为人的负担，阻碍经济发展和企业壮大，且无过错责任原则往往与责任保险相连，责任保险可以确保无过错责任制度得以顺利实施，若赔偿额度过高，保险人的负担过于沉重，就可能放弃责任保险，不利于无过错责任制度的顺利实施。所以，在某些适用无过错责任原则的领域，对赔偿额度予以限制，是十分必要的。例如，根据本法第1244条的规定，承担高度危险责任，法律规定赔偿限额的，依照其规定，但是行为人有故意或者重大过失的除外。我国的航空、海运等方面的特别法规，基于特定行业的风险性和保护该行业发展的需要，往往规定了最高赔偿数额。

第一千一百六十七条　侵权行为危及他人人身、财产安全的，被侵权人有权请求侵权人承担停止侵害、排除妨碍、消除危险等侵权责任。

◆ 条文主旨 ◆

本条是关于危及他人人身、财产安全责任承担方式的规定。

❖ 条文解读 ❖

侵权责任法律制度的作用，可从多个角度阐述，有保护被侵权人的作用，有减少侵权和纠纷的作用，还有预防侵权行为及侵权后果发生的作用。从保护被侵权人的角度看，本法第120条规定，民事权益受到侵害的，被侵权人有权请求侵权人承担侵权责任。这是关于侵权损害后果实际发生的救济，赋予被侵权人在其权利受到侵害时享有请求权，规定民事主体在权益受到侵害后怎么办，例如，承担赔偿损失、消除影响、恢复名誉、赔礼道歉等具体的民事责任。在侵权行为的后果还没有出现时，赋予被侵权人一定的请求权以发挥预防性的功能，防止损害后果的扩大，维护被侵权人的合法权益，能够更加及时地、充分地发挥法律的功能，获得更好的社会和法律效果。

本条规定源于侵权责任法第21条。因为本条也是对责任构成要件的规定，民法典侵权责任编编纂时，将本条移至“一般规定”中，体系上更为科学。

一、理解本条规定的“危及”应注意三点：

第一，侵权行为正在实施和持续而非已经结束。

第二，侵权行为已经危及被侵权人的人身、财产安全而非不可能危及。

第三，侵权行为系侵权人所为，而非自然原因造成。对正在危及他人的人身、财产安全的侵权行为发生的情况下，赋予被侵权人请求侵权人承担停止侵害、排除妨碍、消除危险等责任的权利。

1. 停止侵害，是指当侵权人正在实施侵权行为时，被侵权人可依法请求其停止侵权行为。停止侵害适用于各种正在进行的侵权行为，对于已经终止和尚未实施的侵权行为不适用停止侵害的民事责任方式。

2. 排除妨碍，是指侵权行为人实施某种行为妨害他人正常行使权利或者妨害他人合法利益的，被侵权人请求人民法院排除侵权人的侵权行为。

3. 消除危险，是指对他人人身或者财产安全构成威胁，或者存在侵害他人人身或者财产安全现实可能性的情况下，受到这种威胁的人有权请求构成危险的责任人采取有效措施消除这种威胁和现实可能性的承担民事责任的方式。

二、本法第1165条、第1166条和第1167条的关系

本法第1165条规定了过错责任原则、第1166条规定了无过错责任原则，第1167条规定了危及他人人身、财产安全的责任承担方式。三条内容相互衔接、相互补充、相互协调，组成了我国民事侵权责任的基本制度。

第1165条规定了过错责任原则是最常见的侵权责任归责原则，民法典侵权责任编在侵权责任法第二章“责任构成和责任方式”的基础上，修改为“损害赔偿”一章，这意味着在适用该条时，必须有损害的后果。相比之下，第1166条是无过错责任的规定，只有在法律有明确规定时，才能适用该条规定。第1167条是基于物权、人格权等绝对权而产生的保护性请求权，不要求有损害结果。

第一千一百六十八条　二人以上共同实施侵权行为，造成他人损害的，应当承担连带责任。

❖ 条文主旨 ❖

本条是关于共同侵权制度的规定。

❖ 条文解读 ❖

共同侵权，是指数人共同不法侵害他人权益造成损害的行为。对共同侵权行为，有的学者称为“共同致人损害”；有的学者称为“共同过错”；还有的学者称为“共同不法行为”。

我国于1986年颁布实施的民法通则第130条规定首次在立法上使用了“共同侵权”这一制度性概念。2003年颁布的《最高人民法院关于审理人身损害赔偿案件适用法律若干问题的解释》对这一规定进行了细化。2009年颁布的侵权责任法第8条规定：“二人以上共同实施侵权行为，造成他人损害的，应当承担连带责任。”民法典侵权责任编继承了侵权责任法的规定，未作修改。

在数人侵权情形下，如果构成一般侵权，数个行为人分别根据各自行为造成损害后果的可能性承担按份责任。如果构成共同侵权，数个行为人对受害人承担连带责任，受害人可以要求任一行为人承担全部侵权责任，法律后果更重。连带责任的重要意义在于增加责任主体的数量，加强对受害人请求权的保护，确保受害人获得赔偿。如果每个行为人都具有相应的清偿能力，要求数个行为人对受害人承担连带责任或者按份责任，最终结果都是一样的。但是，如果部分行为人不具有清偿能力，这就凸显了连带责任在保护受害人方面的重要作用，但这也可能使对外承担全部责任的部分行为人无法从其他行为人处获得相应的追偿。

如果共同侵权制度的适用范围过于宽泛，会使行为人动辄与他人承担连带责任，哪怕其本身只需要承担一小部分的份额，他也必须首先对外承担全部责任，然后再向其他行为人追偿，不仅增加了诉讼成本，而且可能使具有清偿能力的人承担其本不应承担的份额，蒙受不公平，反而使本应承担更多份额的行为人得以逃脱。如果共同侵权制度的适用范围过于狭窄，将不利于充分发挥该制度迅捷救济受害人的设计初衷，受害人需要证明数个行为人的侵权行为在损害后果中所占的份额，增加了诉讼难度。也正因为此，在构建共同侵权制度时，需要在行为人与受害人之间寻找到一个合适的平衡点。

根据本条规定，构成共同侵权行为需要满足以下几个要件：

一是主体复数。共同侵权行为的主体必须是两人或者两人以上，行为人可以是自然人，也可以是法人和非法人组织。

二是共同实施侵权行为。这一要件中的“共同”主要包括三层含义：其一，共同故意。数个行为人基于共同故意侵害他人合法权益的，应当成立共同侵权行为。其二，共同过失。“共同过失”主要是数个行为人共同从事某种行为，基于共同的疏忽大意，造成他人损害。其三，故意行为与过失行为相结合。需要特别强调的是，上述三种形态均可以构成本条所说的“共同实施”，不能狭义理解为，本条所指的共同实施只有共同故意实施。

三是侵权行为与损害后果之间具有因果关系。在共同侵权行为中，有时各个侵权行为对造成损害后果的比例有所不同，但必须存在法律上的因果关系，如果某个行为人的行为与损害后果之间没有因果关系，不应与其他行为人构成共同侵权。

四是受害人具有损害。这是受害人请求加害人承担侵权责任的一个基本要件。无损害，则无救济，如果没有损害，根本不可能成立侵权责任。

根据本条规定，一旦满足上述构成要件，成立共同侵权行为，数个行为人就必须对外承担连带责任，被侵权人有权请求部分或者全部行为人承担全部责任。

需要说明的是，在我国，共同侵权与连带责任的适用范围并不完全重合，两者并不是一一对应关系。根据本法第 178 条第 3 款的规定，连带责任由法律规定或者当事人约定。在法律规定方面，除了共同侵权行为外，还有其他情形的规定。例如，侵权责任编第五章规定的拼装或者已经达报废标准的机动车的转让人和受让人承担连带责任；第八章规定的高度危险物的所有人与管理人承担连带责任等。

❖ 案例分析 ❖

藏金阁电镀工业园园区内有若干电镀企业入驻。藏金阁公司领取了排放污染物许可证，为园区入驻企业提供物业管理服务，负责处理企业产生的废水。2013 年 12 月 5 日，藏金阁公司与首旭公司签订为期 4 年的《委托运行协议》，首旭公司承接藏金阁电镀工业中心废水处理项目。2016 年 4 月 21 日，执法人员在对藏金阁公司的废水处理站进行现场检查时，发现废水处理站中的环保设施未运行，生产废水未经处理便排入外环境。经执法人员采样监测分析发现，外排废水中重金属含量超标，对生态环境造成严重影响和损害，执法人员对首旭公司出具行政罚款文书，并通知作为园区物业管理人的藏金阁公司。截至 2020 年 1 月再次检查时，发现废水处理站中环保设施仍未运行，生产废水继续未经处理便排入外环境。某省政府提起生态环境损害赔偿诉讼，请求法院判令藏金阁公司和首旭公司承担连带责任。藏金阁公司辩称，其已经将污水处理项目委托给首旭公司，环境污染是首旭公司废水处理站中环保设施未运行造成的，因此不构成共同侵权，不应承担连带责任。

法院经审理认为，藏金阁公司与首旭公司构成共同侵权，应当承担连带责任：第一，我国实行排污许可制，取得排污许可证的企业即是排污单位，负有依法排污的义务，否则将承担相应法律责任。藏金阁公司持有排污许可证，必须确保按照许可证的规定和要求排放。藏金阁公司以委托运行协议的形式将废水处理交由专门从事环境治理业务的首旭公司作业，具有监督首旭公司合法排污的法定责任，依照《委托运行协议》其也具有监督首旭公司日常排污情况的义务，本案中藏金阁公司显然未尽监管义务。第二，待处理的废水是由藏金阁公司提供给首旭公司的，在执法人员将对首旭公司的行政罚款文书通知了藏金阁公司后，藏金阁公司还继续将废水交由首旭公司处理，并继续纵容首旭公司废水处理站中环保设施不运行直接排污，这可以视为其与首旭公司形成了默契，具有共同侵权的故意，并共同造成了污染后果。因此，应当认定藏金阁公司和首旭公司对于违法排污存在主观上的共同故意和客观上的共同行为，被告行为构成共同侵权，应承担连带责任。

第一千一百六十九条　教唆、帮助他人实施侵权行为的，应当与行为人承担连带责任。

教唆、帮助无民事行为能力人、限制民事行为能力人实施侵权行为的，应当承担侵权责任；该无民事行为能力人、限制民事行为能力人的监护人未尽到监护职责的，应当承担相应的责任。

❖ 条文主旨 ❖

本条是关于教唆侵权和帮助侵权的规定。

❖ 条文解读 ❖

我国民法通则仅仅规定了共同侵权制度，没有对教唆、帮助侵权作出具体规定。《最高人民法院关于贯彻执行〈中华人民共和国民法通则〉若干问题的意见（试行）》弥补了这一空白，第148条规定："教唆、帮助他人实施侵权行为的人，为共同侵权人，应当承担连带民事责任。教唆、帮助无民事行为能力人实施侵权行为的人，为侵权人，应当承担民事责任。教唆、帮助限制民事行为能力人实施侵权行为的人，为共同侵权人，应当承担主要民事责任。”2009 年颁布的侵权责任法第 9 条对教唆侵权和帮助侵权作了具体规定。民法典侵权责任编继承了侵权责任法的规定，未作变更。

教唆和帮助行为属于法定的共同侵权行为中的一种类型。

一、对本条第 1 款的理解及行为的构成要件

本条第 1 款中的“他人”指的是完全民事行为能力人。教唆、帮助完全民事行为能力人实施侵权行为需要满足以下构成要件：

一是教唆人、帮助人实施了教唆、帮助行为。教唆行为，是指对他人进行开导、说服，或通过刺激、利诱、怂恿等方法使该他人从事侵权行为。教唆行为只能以积极的作为方式作出，消极的不作为不能成立教唆行为，教唆行为可以通过口头、书面或其他形式加以表达，可以公开进行也可以秘密进行，可以当面教唆也可以通过别人传信的方式间接教唆。帮助行为，是指给予他人帮助，如提供工具或者指导方法，以便使该他人易于实施侵权行为。帮助行为通常是以积极的作为方式作出，但具有作为义务的人故意不作为时也可能构成帮助行为。帮助的内容可以是物质上的，也可以是精神上的，可以在行为人实施侵权行为前，也可以在实施过程中。一般认为，教唆行为与帮助行为的区别在于：教唆行为的特点是教唆人本人不亲自实施侵权行为，而是唆使他人产生侵权意图并实施侵权行为或危险行为；但帮助行为可能并不对加害行为起决定性作用，只是对加害行为起促进作用。

二是教唆人、帮助人具有教唆、帮助的主观意图。一般来说，教唆行为与帮助行为都是教唆人、帮助人故意作出的，教唆人、帮助人能够意识到其作出的教唆、帮助行为所可能造成的损害后果。在帮助侵权中，如果被帮助人不知道存在帮助行为，也并不影响帮助行为的成立。

三是被教唆人、被帮助人实施了相应的侵权行为。这一要件要求教唆行为、帮助行为与被教唆人、被帮助人实施的侵权行为之间具有内在的联系。如果被教唆人、被帮助人实施的侵权行为与教唆行为、帮助行为没有任何联系，而是行为人另外实施的，那么，就该行为所造成的损害不应要求教唆人、帮助人承担侵权责任。

根据本款规定，教唆人、帮助人实施教唆、帮助行为的法律后果是，教唆人、帮助人与行为人承担连带责任。受害人可以请求教唆人、帮助人或者行为人中的一人或者数人赔偿全部损失。

二、对本条第 2 款的理解及行为的构成要件

本条第 2 款是针对被教唆、被帮助对象是无民事行为能力人或者限制民事行为能力人所作出的特别规定。相比第 1 款的规定，法律后果有所不同。

一是教唆人、帮助人明知被教唆人、被帮助人为无民事行为能力人或者限制民事行为能力人时，仍然实施教唆、帮助行为的，应当承担侵权责任。即便教唆人、帮助人主观上不知道被教唆人、被帮助人是无民事行为能力人或者限制民事行为能力人的，为了体现法律对教唆、帮助行为的否定性评价，也应当适用本款规定，由教唆人、帮助人承担侵权责任。

二是如果被教唆、被帮助的无民事行为能力人或者限制民事行为能力人的监护人未尽到监护责任的，应当承担相应的责任。监护，是为保护无民事行为能力人和限制民事行为能力人的人身和财产权利而由特定公民或组织对其予以监督、管理和保护的制度。如果监护人未尽到教育和照顾被监护人的职责，疏于履行监护责任，应当对被监护人给他人造成的损害承担侵权责任。

在侵权责任法起草和民法典编纂过程中，有意见提出，无论监护人是否尽到监护责任，都应当由监护人与教唆人或者帮助人承担连带责任。我们研究认为，在存在教唆人、帮助人的情形下，监护人承担连带责任过于严厉。还有意见提出，应当对教唆帮助无民事行为能力人实施侵权行为和教唆帮助限制民事行为能力人实施侵权行为的责任作出区分规定。教唆帮助无民事行为能力人实施侵权行为的，被教唆的无民事行为能力人实际被当成实施侵权的工具，应由教唆人、帮助人承担全部责任。与无民事行为能力人相比，限制民事行为能力人有一定程度的判断力，仍然由教唆人、帮助人承担侵权责任，有失妥当，应当根据各自过错和原因力，对内合理划分各方责任。我们研究认为，本款“教唆、帮助无民事行为能力人、限制民事行为能力人实施侵权行为的，应当承担侵权责任”是从侵权人与被侵权人相互关系的角度作出规定的，即侧重外部关系。即使要考虑侵权人的内部关系，教唆人、帮助人的责任也不因其教唆或者帮助的对象不同，而体现出主观故意的区别，因为这其中还要体现出法律对教唆、帮助行为的否定性评价。上述这些意见，虽然都有一定道理，但并未被立法采纳。

第一千一百七十条　二人以上实施危及他人人身、财产安全的行为，其中一人或者数人的行为造成他人损害，能够确定具体侵权人的，由侵权人承担责任；不能确定具体侵权人的，行为人承担连带责任。

❖ 条文主旨 ❖

本条是关于共同危险行为的规定。

❖ 条文解读 ❖

学说上指的共同危险行为，是指数人的危险行为对他人的合法权益造成了某种危险，但是对于实际造成的损害无法查明具体由何人所为，法律为保护被侵权人的利益，数个行为人视为侵权行为人。

我国民法通则没有对共同危险行为制度作出明确规定。《最高人民法院关于审理人身损害赔偿案件适用法律若干问题的解释》第4条规定："二人以上共同实施危及他人人身安全的行为并造成损害后果，不能确定实际侵害行为人的，应当依照民法通则第一百三十条规定承担连带责任。共同危险行为人能够证明损害后果不是由其行为造成的，不承担赔偿责任。"2009年颁布的侵权责任法第10条规定了共同危险行为。民法典侵权责任编继承了侵权责任法第10条的规定，未作变更。

根据本条规定，构成共同危险行为应当满足下列几个要件：

一是二人以上实施危及他人人身、财产安全的行为。行为主体是复数，这是最基本的条件，这才有可能不能确定谁是具体加害人。

在侵权责任法起草及民法典编纂过程中，均有意见提出，建议加上"共同"二字，即"二人以上共同实施侵权行为"。经研究，我们认为，在国外共同危险行为制度中，"共同"的含义要求数个行为人的行为必须是在同一时间、同一场所的行为，即"时空上的共同性"。如果数个行为人的行为在时间上、场所上发生了分离，就不属于"共同"危险。我国侵权责任制度共同侵权规定中的"共同"与上述的"共同"的含义不一样，不要求时空上的共同性。例如，本法第1168条规定，二人以上共同实施侵权行为，造成他人损害的，应当承担连带责任。这一条中的"共同"不要求数个侵权人在同一时间、同一场所实施侵权行为。因此，为了防止在同一部法律中出现表述相同但含义不同的法律术语，本条没有采取"共同实施”的表述。

有的意见提出，共同危险行为人负连带责任的根据在于数个行为人具有共同过错，这种共同过错表现为共同过失，建议将“二人以上实施”修改为“二人以上共同过失实施”。经研究，我们认为，我国法律上的共同危险行为制度是源于最高人民法院的司法解释，该司法解释的初衷是防止因无法指认具体加害人而使受害人的请求权落空。本条的着眼点是每个行为人都实施了危及他人人身、财产安全的行为。

二是其中一人或者数人的行为造成他人损害。虽然实施危及他人人身、财产行为的是数人，但真正导致受害人损害后果发生的只是其中一个人或者几个人的行为。

三是不能确定具体加害人。一般而言，受害人只能请求加害人就其侵权行为所造成的损失予以赔偿，加害人也仅对其侵权行为所造成的损失进行赔偿。但在共同危险行为制度中，数个行为人实施的危及行为存在偶合性，事实上只有部分行为人的行为造成了损害后果。但是，由于受害人无法掌握各个行为人的行为动机、行为方式等证据，无法准确判断哪个行为才是真正的加害行为，为了保护受害人的合法权益，降低受害人的举证难度，避免其因不能指认真正加害人而无法行使请求权，同时由于每个行为人都实施了危及行为，在道德上具有可责难性，所以规定由所有实施危及行为的人承担连带责任是合理的。如果受害人能够指认或者法院能够查明具体加害人，那就是普通的侵权责任，由具体加害人承担侵权责任。

根据本条规定，适用共同危险行为制度的法律后果是，数个行为人对受害人承担连带责任。共同危险行为不仅在一般过错责任中适用，在过错推定责任、无过错责任中也有适用余地。

对于是否规定部分行为人能通过证明其不可能是加害人或

者其行为与损害后果之间不存在因果关系来免除责任，学术界历来都有两种主张：一种是肯定说。认为只要数人中有人能够证明自己根本没有加害他人的可能的，也就证明了自己没有实施危险行为，此时即便其他人中仍然不能确知谁为加害人，也应当将该人排除在共同危险人之外，使其免除责任。另一种是否定说。认为即便数人中的某人能够证明自己没有加害行为，也不能当然地免除其责任，因为其他人也如法炮制地证明自己没有加害行为，则势必会发生全体危险行为人逃脱责任的现象，受害人所受损害根本无法获得补救，因此，行为人能够证明自己并非加害人并不能免责。

关于本条应当采纳哪种主张，在起草过程中也曾有过不同意见。有的认为，为了保护受害人的利益，共同危险行为制度将部分不应承担责任的行为人作为责任人，应当给予这部分人免除责任的机会，如果必须指明谁是加害人，失之过严。还有的认为，相对受害人而言，行为人容易证明谁是加害人，如果允许行为人通过证明自己不可能是加害人来免责，可能导致法官过大的自由裁量权、行为人轻易从责任中逃逸，使受害人无法得到救济。这两种观点都有其合理性。本条最终规定，不能确定具体加害人的，由行为人承担连带责任。换言之，只有在确定具体加害人的情形下，其他行为人才可以免除责任。

第一千一百七十一条　二人以上分别实施侵权行为造成同一损害，每个人的侵权行为都足以造成全部损害的，行为人承担连带责任。

❖ 条文主旨 ❖

本条是关于无意思联络分别实施侵权行为，但是都能造成全部损害时，承担连带责任的规定。

❖ 条文解读 ❖

适用本条规定需要符合以下构成要件：

一是二人以上分别实施侵权行为。行为主体的复数性是最基本的条件，每个人的行为都必须是侵权行为。相比本法第1168条规定的共同侵权行为，本条要求数个侵权行为之间相互独立。本条中的“分别”，是指实施侵权行为的数个行为人之间不具有主观上的关联性，各个侵权行为都是相互独立的。每个行为人在实施侵权行为之前以及实施侵权行为过程中，没有与其他行为人有意思联络，也没有认识到还有其他人也在实施类似的侵权行为，这就是所谓的“无意思联络”。如果行为人主观具有关联性，存在共同故意或者共同过失，应当适用本法第1168条共同侵权行为的规定，而不能适用本条。

二是造成同一损害后果。“同一损害”指数个侵权行为所造成的损害的性质是相同的，都是身体伤害或者财产损失，并且损害内容具有关联性。如甲的侵权行为造成了丙左腿受伤，乙的侵权行为也造成了丙左腿受伤。如果乙的侵权行为造成了丙右腿受伤，那么，甲、乙两人的侵权行为造成的就不是同一损害，而是不同损害。本条强调损害的同一性。本条与共同侵权制度是有区别的。在共同侵权制度中，即便每个侵权行为所造成的损害后果不同，如甲的侵权行为造成了丙身体上的伤害，乙的侵权行为造成了丙的财产损失，只要数个行为人主观上具有关联性，同样构成共同侵权，由数个行为人对受害人的全部损失承担连带责任。此外，如果各个行为人对受害人所造成的损害是不同的，即便因偶然原因而同时发生在一个人身上，行为人也应当就各自所致的损害承担赔偿责任。

三是每个人的侵权行为都足以造成全部损害。判断每个侵权行为是否足以造成全部损害是适用本条的关键。本条中的

“足以”并不是指每个侵权行为都实际上造成了全部损害，而是指在没有其他侵权行为共同作用的情况下，独立的单个侵权行为也有可能造成全部损害。如甲、乙两人分别从不同方向向同一房屋放火，将该房屋烧毁，根据两个方向的火势判断，如果不存在另一把火，每把火都有可能将整栋房屋烧毁，但事实上两把火共同作用烧毁了该房屋，所以只能说每把火都“足以”烧毁整栋房屋。

根据本条规定，一旦满足本条规定的上述三个构成要件，数个行为人必须对造成的损害承担连带责任。

第一千一百七十二条　二人以上分别实施侵权行为造成同一损害，能够确定责任大小的，各自承担相应的责任；难以确定责任大小的，平均承担责任。

❖ 条文主旨 ❖

本条是关于无意思联络的分别侵权行为承担按份责任的规定。

❖ 条文解读 ❖

一、我国规定的沿革与适用本条的构成要件

我国民法通则没有对无意思联络的分别侵权行为作出规定，2003 年《最高人民法院关于审理人身损害赔偿案件适用法律若干问题的解释》第 3 条第 2 款规定，二人以上没有共同故意或者共同过失，但其分别实施的数个行为间接结合发生同一损害后果的，应当根据过失大小或者原因力比例各自承担相应的赔偿责任。侵权责任法吸收了最高人民法院司法解释的规定，第 12 条规定了无意思联络的分别侵权行为承担按份责任的情形。民法典侵权责任编继承了侵权责任法的规定，仅对个

别字词作了调整。

适用本条规定应当符合下列构成要件：

一是二人以上分别实施侵权行为。这一要件与本法第1171条中“二人以上分别实施侵权行为”的含义相同，要求数个侵权行为相互之间是独立的，不存在应当适用本法第1168条共同侵权制度的情形。

二是造成同一损害后果。这一要件与本法第1171条中“造成同一损害”的含义一样。如果数个侵权行为造成的损害后果不同，可以明显区分，应当适用本法第1165条或者第1166条的规定。本条与本法第1171条同属分别侵权制度，但在构成要件上有所不同，本法第1171条的构成要件更加严格，要求“每个人的侵权行为都足以造成全部损害”。

二、适用本条的法律后果

在法律后果上，本条数个行为人的责任与本法第1171条在法律后果上有本质区别，本法第1171条要求各个行为人承担连带责任，更为严厉。本条确定各个行为人应当承担的责任，分两个层次规定：

一是能够确定责任大小的。虽然数个侵权行为结合造成了同一损害，但是在大部分案件中，可以根据各个侵权行为对造成损害后果的可能性（盖然性）来确定责任份额。判断这种可能性，可以综合各个行为人的过错程度、各个侵权行为与损害后果因果关系的紧密程度、公平原则以及政策考量等因素。有的学者将这种可能性称为“原因力”，是指在构成损害结果的共同原因中，每一个原因对于损害结果发生或扩大所发挥的作用力。法律不可能脱离具体案件，事先抽象出各种确定责任份额的标准，只能由法官在具体案件中综合考虑各种因素来确定。

二是难以确定责任大小的。责任分配的尺度很难有一个可以数量化的标准，在某些情形下，由于案情复杂，很难分清每个侵权行为对损害后果的作用力究竟有多大。侵权责任法第12条规定的是“平均承担赔偿责任”。民法典侵权责任编编纂过程中，考虑到侵权责任的承担方式除了最常适用的赔偿损失以外，还有赔礼道歉、消除影响、恢复名誉等其他方式，因此，将“赔偿”二字删除，规定为“平均承担责任”。

三、本条与第1168条、第1171条的关系

一是本条与第1168条共同侵权的规定在适用范围上呈现互补关系。第1168条要求数个行为人共同实施侵权行为，而本条要求数个行为人分别实施侵权行为。当然，现代民法中“共同”与“分别”出现了越来越模糊的趋势。

二是在处理数人实施侵权行为的具体案件时，首先需要看是否满足第1168条共同侵权制度规定的构成要件；不符合的，看其是否满足第1171条的构成要件；还不符合的，再看能否适用本条规定。需要特别强调的是，在逻辑关系上，并不存在不适用第1168条、第1171条，就一定适用本条的关系。

第一千一百七十三条　被侵权人对同一损害的发生或者扩大有过错的，可以减轻侵权人的责任。

❖ 条文主旨 ❖

本条是关于“与有过失”制度的规定。

❖ 条文解读 ❖

被侵权人对于损害的发生也有过错的情况下，使侵权人承担全部侵权责任有失公允。因此，侵权人可以以被侵权人的过错为由进行抗辩，要求减轻自己的侵权责任，实践中主要是减少损害赔偿的数额。严格来说，“与有过失”制度与“损益相抵”制度是不同的两项制度。“与有过失”中的“与”指的是侵权人与被侵权人双方，该制度是双方均有过错的情况下如何承担责任。侵权责任法第26条一个“也”字说明一切。“损益相抵”，是指被侵权人因同一侵权行为受到损害又获得利益的，计算损害赔偿额时，除非利益的性质或者依照法律的规定不得扣除，否则应当扣除所获利益。侵权责任法与民法典侵权责任编均没有规定“损益相抵”制度，主要考虑侵权行为中极少有侵权人因同一侵权行为受到损害又获得利益的情形。

在侵权责任法立法过程中，对“与有过失”制度规定在哪一章有过争议。最终侵权责任法规定在不承担责任和减轻责任的情形一章中。民法典侵权责任编整合了侵权责任法第一章至第三章的规定，因此，“与有过失”制度被吸收到了侵权责任编第一章一般规定中。

一、关于本条的适用

民法典侵权责任编对侵权责任法“与有过失”制度作了拓展。侵权责任法第26条规定，“被侵权人对损害的发生也有过错的，可以减轻侵权人的责任”。本法第1173条规定，“被侵权人对同一损害的发生或者扩大有过错的，可以减轻侵权人的责任”。两条比较，主要变化有两点：

一是侵权责任编对损害作了限定，必须是“同一”损害才能适用本条。对“同一”的理解，在一部法律中是一脉相承的，指对一个性质相同的损害结果的发生，侵权人与被侵权人均有责任。这次作出修改，主要是有意见提出，实践中不同法院对侵权责任法第26条的理解和适用不一，为了维护司法裁判的统一性，应当有所限定。二是增加了损害的“扩大”。侵权责任法第26条“被侵权人对损害的发生”的表述中，发生是包含扩大的含义的，扩大是后续的损害，是新发生的损害，也是损害的一种形态，正确理解侵权责任法的规定，这一点必须明确。民法典编纂过程中，有意见提出，损害发生后，其范围并非立即确定，而是有可能随着时间的发展而变化。故受害人过错制度适用的范围，不限于损害的发生，也应包括损害的扩大。经研究，民法典侵权责任编将“扩大”从“损害的发生”中独立出来了。侵权人造成了损害，被侵权人因为自己的原因，致使同一损害扩大，对扩大的部分，可以减轻侵权人的责任。

“与有过失”制度的适用范围一直存在争论。特别是该制度是否适用于无过错责任，我国理论界的争论由来已久。从比较法的角度来看，在绝大多数国家和地区“与有过失”制度都适用于无过错责任。民法典侵权责任编在本条明确了无过错责任也可以适用“与有过失”制度。不过，需要特别指出的是，法律明确针对特定的无过错责任类型规定了特殊免责事由的，不适用本条规则。例如，依照本法第1237条的规定，民用核设施或者运入运出核设施的核材料发生核事故造成他人损害的，民用核设施的营运单位能够证明损害是因战争、武装冲突、暴乱等情形或者受害人故意造成的，不承担责任。如果损害是由受害人的过失，哪怕是重大过失造成的，也不能减轻民用核设施经营人的责任。

二、“与有过失”与受害人故意造成损害的关系

在侵权责任法立法和民法典编纂过程中，有的建议将本条中的“过错”改为“过失”。理由是“过错”包括“故意”和“过失”，如果是受害人故意造成自己损害，则不是减轻行为人责任的问题，而应当免除行为人的责任。

本法没有采纳上述意见，理由主要是如果损害完全是由于受害人故意造成的，即损害发生的唯一原因是受害人的故意，应完全免除行为人的责任。只有在侵权人对于损害的发生有故意或者重大过失，受害人对于同一损害的发生或者扩大也有责任时，才存在减轻侵权人责任的问题。如果改为“过失”，包含不了“重大过失”的情形。

在立法过程中还有的建议将本条中的“可以减轻侵权人的责任”中的“可以”修改为“应当”。我们研究认为，在损害主要是由侵权人造成，被侵权人对同一损害仅有轻微责任的情况下，就不一定要免除侵权人的责任。例如，责任认定上，侵权人占99%的原因，被侵权人占1%的原因。这种情况下，如果规定“应当”减轻侵权人的责任，是不公平的。因此立法没有采纳上述建议。

❖ 案例分析 ❖

王某驾驶车辆与荣某发生刮蹭，致荣某受伤。事故鉴定结论为王某负全部责任，荣某无责。荣某申请司法鉴定，结论为：（1）左桡骨远端骨折的伤残等级评定为十级；左下肢损伤的伤残等级评定为九级。损伤参与度评定为75%，其个人体质的因素占25%。（2）荣某的误工期评定为150日，其中护理期评定为60日，营养期评定为90日。荣某要求王某、保险公司赔偿医疗费用30006元、住院伙食补助费414元、营养费1620元、残疾赔偿金27658.05元、护理费6000元、交通费800元、精神损害抚慰金10500元。

保险公司辩称：对于事故经过及责任认定没有异议，其愿意在交强险限额范围内予以赔偿；对于医疗费用30006元、住院伙食补助费414元没有异议；因鉴定意见结论中载明“损伤参与度评定为75%，其个人体质的因素占25%”，故确定残疾赔偿金应当乘以损伤参与度系数0.75，认可20743.54元。

王某辩称：对于事故经过及责任认定没有异议，荣某的损失应当由保险公司在交强险限额范围内优先予以赔偿；其余各项费用同意保险公司意见；其已向原告赔偿20000元。

法院经审理认为，依据法律规定，在交通事故中计算残疾赔偿金是否应当扣减时，须根据受害人对损失的发生或扩大是否存在过错进行分析。本案中，虽然荣某年事已高，但其年老骨质疏松仅是造成事故后果的客观因素，尽管对损害后果的发生具有一定影响，但并无法律上的因果关系，不属于法律意义上的过错。因此，因个人体质状况对交通事故导致的伤残不应责任自负。综上，受害人荣某对于损害的发生或者扩大没有过错，不存在减轻或者免除加害人赔偿责任的法定情形。故在计算残疾赔偿金时，不应作相应扣减。

根据我国道路交通安全法的相关规定，机动车发生交通事故造成人身伤亡、财产损失的，由保险公司在机动车第三者责任强制保险责任限额范围内予以赔偿。而我国交强险并未规定在确定交强险责任时，应依据受害人体质状况对损害后果的影响作相应扣减，保险公司的免责事由也仅限于受害人故意造成交通事故的情形，即便是投保机动车无责，保险公司也应在交强险无责限额内予以赔偿。因此，对于受害人符合法律规定的赔偿项目和标准的损失，均属交强险的赔偿范围。综上所述，法院支持荣某的诉讼请求。

第一千一百七十四条　损害是因受害人故意造成的，行为人不承担责任。

❖ 条文主旨 ❖

本条是关于受害人故意造成损害，行为人免责的规定。

❖ 条文解读 ❖

受害人故意造成损害，是指受害人明知自己的行为会发生损害自己的后果，而希望或者放任此种结果的发生。受害人故意分为直接故意和间接故意。直接故意，是指受害人从主观上追求损害自己的结果发生，如受害人摸高压线自杀；间接故意，是指受害人已经预见到自己的行为可能发生损害自己的结果，但也不停止该行为，而是放任损害结果的发生，如受害人盗割高压线，导致自己伤亡。

本条规定对行为人免责，是指损害完全是因为受害人的故意造成的，即受害人故意的行为是其损害发生的唯一原因。例如，本法第1238条规定，民用航空器造成他人损害的，民用航空器的经营者应当承担侵权责任；但是，能够证明损害是因受害人故意造成的，不承担责任。

本条规定适用于过错责任自不待言，从现有法律规定来看，本条也适用于无过错责任，上述第1238条的规定即是无过错责任的一例。此外，本编第八章高度危险责任的很多条文都规定了受害人故意造成损害，行为人免责。侵权责任法中，本条规定在不承担责任和减轻责任的情形一章中。民法典侵权责任编整合了侵权责任法第一章至第三章的内容，因此，本条被吸收到了侵权责任编第一章一般规定中。

第一千一百七十五条　损害是因第三人造成的，第三人应当承担侵权责任。

❖ 条文主旨 ❖

本条是关于第三人过错的规定。

❖ 条文解读 ❖

第三人过错的概念往往在诉讼中体现，指受害人起诉被告以后，被告提出该损害完全或者部分不是由自己造成，是第三人的过错造成，从而提出免除或者减轻自己责任的抗辩[①]事由。第三人的过错包括故意和过失。第三人应当与被告不存在任何隶属关系，如用人单位的工作人员在工作过程中造成他人损害的，用人单位不能以其工作人员作为第三人，提出第三人过错的抗辩。用人单位应当对工作人员造成的损害，承担替代责任。

本条在适用上把握以下几点：

一、第三人过错是造成损害的唯一原因

在过错责任和过错推定责任范围内，被告能够证明损害完全是由于第三人的过错行为造成的，应免除被告的责任，由第三人对原告承担侵权责任。

在无过错责任范围内，情况比较复杂。在某些无过错责任情形之下，即使完全由第三人过错造成的损害，也应首先由被告承担责任，即被告不能以第三人造成损害为由，对原告受害人进行抗辩。在某些无过错责任情形之下，第三人的过错造成损害，被侵权人可以选择行为人或者第三人之一承担责任。例如，本法第1233条规定，因第三人的过错污染环境、破坏生态的，被侵权人可以向侵权人请求赔偿，也可以向第三人请求赔偿。侵权人赔偿后，有权向第三人追偿。在某些无过错责任情形之下，完全由第三人造成的损害，由第三人承担责任，即被告可以“第三人过错”造成损害为由，对原告进行抗辩。例如，我国电力法第60条第3款规定：“因用户或者第三人的过错给电力企业或者其他用户造成损害的，该用户或者第三人应当依法承担赔偿责任。”

二、第三人过错是造成损害的部分原因

本条规定的“第三人过错”与本法第1168条共同侵权行为、第1170条共同危险行为、第1171条无意思联络承担连带

① 抗辩：当事人主张与相对方的主张事实不同的事实，用以排斥相对方主张的法律效果。

责任的侵权行为、第1171条无意思联络承担按份责任的侵权行为等多数人侵权制度有着紧密的联系，同时也极易造成混淆。在何时、何种条件下，被告可以援用“第三人过错”而要求减轻自己责任的问题上，在侵权责任法立法过程中也有不少争论，侵权责任法颁布以来，在司法实践中也有不少错误认识。因此，有必要对以下几个问题进行澄清：

一是与第1168条共同侵权行为的关系。例如，甲和乙合谋将丙打伤，丙将乙起诉到法院，乙不能以甲参与了侵权为由，要求适用本条的规定，即构成共同侵权行为的，应当适用本法第1168条的规定，由侵权人承担连带责任，被侵权人有权要求侵权人中的一人承担全部责任。

二是与第1170条共同危险行为的关系。例如，甲在农田耕作时遭受枪伤，甲将其受伤时发现的非法狩猎人乙告上法庭。乙在庭上陈述，其在开枪的同时，还有另一名非法狩猎人丙也开了枪。但甲的枪伤只有一处，乙提出枪伤可能是自己所为，但也可能是丙的行为所致。这种情况下，依照本法第1170条的规定，乙的行为和丙的行为构成共同危险行为，在不能确定具体加害人的情况下，乙和丙承担连带责任，乙不能以第三人丙的行为为由，对受害人甲进行抗辩，要求与丙分担甲的损失，免除或者减轻自己的责任。当然，乙在承担连带责任后，可以起诉丙，以进一步分清二者的责任，但那是另一个法律关系。

三是与第1171条无意思联络承担连带责任的侵权行为的关系。例如，甲、乙二人分别在丙的房舍的东西两面放火烧荒，甲、乙二人没有意思联络，但两股火同时向丙的房舍蔓延，致使丙的房舍焚毁。丙将甲起诉到法院，甲提出乙的放火行为也是房屋被焚的原因之一，要求减轻自己的责任。本案中，甲、乙的行为直接结合，是构成丙的损害的共同原因，依照第1171条的规定，甲乙应对丙承担连带责任。甲以第三人侵权行为造成损害为由的抗辩不能成立。

四是与第1171条无意思联络承担按份责任的侵权行为的关系。这两种情形最难以区分，本条规定“损害是因第三人的原因造成的，第三人应当承担侵权责任”，这种情况下，被告是否仍然要承担部分责任，法律对此没有明确规定。我们认为，这就需要司法实践中结合个案进行仔细分析，在“被告的过错”与“第三人的过错”分别构成同一损害的原因的情况下，被告可以以造成的损害还有“第三人的过错”为由，向原告行使抗辩权，要求减轻自己的责任。

第一千一百七十六条　自愿参加具有一定风险的文体活动，因其他参加者的行为受到损害的，受害人不得请求其他参加者承担侵权责任；但是，其他参加者对损害的发生有故意或者重大过失的除外。

活动组织者的责任适用本法第一千一百九十八条至第一千二百零一条的规定。

❖ 条文主旨 ❖

本条是关于自甘风险制度的规定。

❖ 条文解读 ❖

一、有关概念辨析

自甘风险和受害人同意容易混淆，是既有共同点又有区别的两个概念。

1. 自甘风险又称自愿承受危险，是指受害人自愿承担可能性的损害而将自己置于危险环境或场合，造成损害时行为人不承担责任。其构成要件是：第一，受害人作出了自愿承受危险的意思表示，通常是将自己置于可能性的危险状况之下；第二，这种潜在的危险不是法律、法规所禁止的，也不是社会公序良俗所反对的，且此种危险通常被社会所认可存在或者难以避免的。例如，参加拳击比赛而自愿承受可能受到的人身伤害的危险。

2. 受害人同意，是指受害人自愿同意他人对其人身或财产施加某种损害。关于自愿对其人身实施损害，例如，病人同意医生对其手术，手术将造成失血，而手术对于挽救病人生命与失血的损害相比是利大于弊，于是选择手术的情形；汶川地震中，为了施救，先锯断某人的腿，然后才能将其救出的例子等。此种损害是不违反法律或公共道德的，如果受害人以此种损害请求赔偿，被告应享有抗辩权。但是，如果甲同意乙打其一记耳光，如果乙真的打了，则乙的行为具有违法性，不能适用受害人同意。关于自愿他人对其财产进行损害，例如，同意他人对自己的财产抛弃或毁损的情形，由于财产的权利人有权处分自己的财产，同意他人对自己财产的损害，如同自己损害自己的财产一样，一般情况下此种情形不构成对法律或公共道德的违反。自愿承担损害的构成要件是：第一，受害人明确作出了同意对其实施加害的意思表示，知道或者应当知道对其实施加害行为的法律后果；第二，同意加害的内容不违反法律和公序良俗，且不超出受害人同意的范围。

3. 自甘风险与受害人同意的区别主要为：一是适用领域不同。自甘风险主要适用于危险性的文体、探险等活动；受害人同意的适用范围比较广泛，不违反法律和公序良俗的一般行为，只要受害人同意，均可产生免责效果。二是受害人对损害后果的知情程度不同。在自甘风险制度中，受害人对其参加什么文体活动、该活动通常具有什么危险或者损伤、自己的竞技水平和身体健康情况是知晓的，只是不能具体预测自己参加活动是否一定会遭受损害、遭受多大程度的损害。三是损害发生是否符合受害人的意愿不同。自甘风险制度中，受害人往往没有明确作出自愿接受损害结果的意思表示。在受害人同意制度中，受害人对损害的发生、损害的性质、损害的范围一般都是知情、能够预测到的。在受害人同意制度中，受害人必须以明示或者默示的意思表示作出处分行为，放弃法律的保护。自甘风险制度中，受害人不希望损害后果的发生。在受害人同意制度中，损害的发生符合受害人的意思。

二、国内有关规定及民法典规定自甘风险制度的考虑

侵权责任法立法过程中，有的建议规定自甘风险作为免责事由。对于是否规定，各方面有过激烈争论，没有达成一致意见。赞成规定的理由主要是：权利人有权处分自己的权利，该处分行为只要不违反法律和公共道德，就应认可该种意思表示的效力。自甘风险往往是为了博弈一个较大的利益，或者在两个不利后果中选择一个较小的不利后果。受害人同意承受相应风险的，应可以作为被告方的抗辩事由。不同意规定的理由主要是：自甘风险是处分自己权益的行为，被告的行为不构成侵权，也就不存在免责的问题。实践中自甘风险的情况非常复杂，比如，核设施等危险区域提示不得入内，但受害人进去了，管理人就没有责任吗？因此，由司法实践根据个案的情况确定被告方的责任比较妥当。在自甘风险的情况下，被告方要不要承担责任还是看其有没有过错，有过错的承担责任，没过错的不承担，并不是说只要是受害人同意或者自甘风险，受害人就可以不承担责任。既然已将过错作为承担责任原则，因此没有必要规定。本着谨慎负责的态度，经过反复研究，侵权责任法没有规定自甘风险制度。

民法典编纂过程中，有建议提出，参加对抗性较强的体育等活动容易发生受伤等情况，实践中，对伤害由谁承担责任经常产生纠纷。如参加马拉松竞赛活动中参赛者去世，要求组织者承担侵权责任等。为了满足具有风险性的体育竞技等方面的需要，建议增加规定自甘风险制度。我们研究认为，参加者自愿参与这些活动应当充分认识到其危险性，由此产生的正常风险原则上应当由参加者自己承担。在法律中确立“自甘风险”规则，对于自愿参加对抗性、风险性较强的体育活动，以及学校等机构正常组织开展体育课等活动学生受伤发生纠纷时明确责任的界限是有利的。据此，民法典侵权责任编草案二审稿增加了一条规定：自愿参加具有危险性的活动受到损害的，受害人不得请求他人承担侵权责任，但是他人对损害的发生有故意或者重大过失的除外。活动组织者的责任适用本法第 973 条的规定，即活动组织者就未尽到安全保障义务承担侵权责任。对这一规定，各方面提出了很多意见，主要是建议自甘风险的适用范围不宜过宽，应限定为体育比赛等具有一定风险的文体活动。同时，建议明确教育机构在组织这类活动时应当如何承担责任。因此，民法典侵权责任编草案三审稿对自甘风险的规定作了修改：一是自愿参加具有一定风险的文体活动，因其他参加者的行为受到损害的，受害人不得请求其他参加者承担侵权责任，但是其他参加者对损害的发生有故意或者重大过失的除外。二是如果活动组织者为学校等教育机构，应当适用学校等教育机构在学生受到人身损害时的相关责任规定。

本条适用中应把握的几点问题：

一是受害人必须意识到所参加的文体活动的风险。这种风险必然存在，但是否会产生损害结果不确定。例如，参加篮球运动一定会存在冲撞，参加足球运动必然有铲球，这些行为都有可能会造成倒地的风险，有可能会造成骨折的风险，但是否必然出现这样的后果是不一定的，运动的剧烈程度、冲撞的角度、铲球的力度、双方是否遵守规则、运动护具的穿戴、参加者运动技能和身体素质等因素的不同，会产生很大的变数。从本质上讲，参加任何文体活动都存在风险、有可能造成损害。侵权责任编本着谨慎的精神，仅规定了“自愿参加具有一定风险的文体活动”中才能适用自甘风险制度。“具有一定风险”应当理解为风险性较高、对自身条件有一定要求、对抗性较强等的文体活动。

二是在正常情况下，因为其他参加者的行为受到损害的，其他参加者不承担侵权责任。具有一定风险的文体活动的参加者在了解风险的前提下，仍自愿参加，在文体活动中受到损害的，其他参加者不承担侵权责任，也就是说法律规定这种情况下直接免责。但是，其他参加者对损害的发生有故意或者重大过失的，这种情形下损害是由于行为人的侵权行为造成的，已经超过其自甘风险的范围，法律规定了除外条款，对此应当根据双方的过错程度，确定损害的承担。为了防止侵权人不当地援用“自甘风险”条款免责，应限定其适用范围，这也是本条将侵权人承担责任的主观要件限定于故意或者重大过失的重要原因。

三是活动组织者的责任承担上，法律规定适用安全保障义务的规定。但是应当明确，有些文体活动需要组织者详细明确告知参加者各种风险；有些活动是按照经验不需要组织者告知参加者风险的，因为这些活动的固有危险已经为社会一般人所知晓，更为参加者所熟知。这在确定文体活动组织者责任时，应当予以考虑。但是，固有风险之外的意外损害，应当由组织者承担。例如，参加马拉松活动，正常跑步过程中的晒伤、膝关节损伤、碰撞等运动伤害，是不需要组织者特别告知的。此外，在整个活动过程中，组织者是否尽到了必要的安全保障义务、采用了足够安全的措施、设计了突发情况的预案、损害发生后及时采取了合理措施等，是考虑活动组织者是否尽到了责任的因素。当然，还要考虑受害人是否有过错以及过错程度。

四是适用本条规定需要结合具体的案件，从案件的具体情况出发，审慎确定文体活动是否具有一定的风险性，是否属于自甘风险的情况，当事人双方、活动组织者是否有过错以及过错程度，从各方面从严认定和把握。

第一千一百七十七条　合法权益受到侵害，情况紧迫且不能及时获得国家机关保护，不立即采取措施将使其合法权益受到难以弥补的损害的，受害人可以在保护自己合法权益的必要范围内采取扣留侵权人的财物等合理措施；但是，应当立即请求有关国家机关处理。

受害人采取的措施不当造成他人损害的，应当承担侵权责任。

❖ 条文主旨 ❖

本条是关于自力救济制度的规定。

❖ 条文解读 ❖

一、关于自力救济制度的沿革与概念

自力救济是一项古老的制度，属于私力救济的范畴，希腊罗马时期的法典中即有明文规定。现代文明国家建立后，公民的权利主要由公权力保障，私力救济逐渐演变为公力救济，通过司法程序解决纠纷成为最主要的方式之一。从私力救济到公力救济的演变是一个漫长而交错的历史过程。两者长期并存，既对立冲突，也交错互补。你中有我，我中有你，私力救济中有“公力”因素，公力救济中有“私力”因素，其间存在一种融合两者特征的社会型救济，如调解和仲裁。随着历史的发展和社会经济进步，私力救济法律化，逐渐被纳入法律框架。相比于私力救济，公权力救济具有文明性、稳定性、强制性等

诸多优点。

现代社会中的自力救济，主要指在民事法律关系中，权利人在特殊情况下不借助国家机关的公力，而以自己的力量来保护自己或他人权利的行为。民法通则、侵权责任法等法律中，没有规定自力救济制度。

二、民法典对自力救助制度规定的情况

民法典编纂过程中，有的建议规定自力救济制度，主要理由有：一是司法最终解决的是现代法治的基本要求，但司法最终解决不等于唯一解决，只有纠纷达到一定的条件或标准后，才会纳入司法的视野。有些私力救济方式经过长期的演化已经形成一定的习惯和规范，有时候更能实现公正。二是我国法律中规定的正当防卫、紧急避险等制度，在性质上应当属于自力救济的范围。因此，将这一制度进一步扩大有法律、理论和实践基础。三是实践中，自力救济行为广泛存在，会导致滥用自力救济的情况，引发更大的纠纷，反而不利于社会的稳定。实践中就出现了在合法权益受到侵害，来不及请求国家机关保护的情况下，受害人自己采取措施保护权益，反而被他人起诉侵权的案件。

我们研究认为，“自助行为”制度可以赋予公民在一定条件下的自我保护权利，是对国家权力在维护社会秩序和保护公民权益不及时情况下的有益补充。明确规定这种制度，对保护公民人身、财产权益安全具有重要的现实意义，也有利于对这种自力救济行为进行规范。因此，在民法典侵权责任编草案二审稿中增加了该制度，二审稿的表述为：合法权益受到侵害，情况紧迫且不能及时获得国家机关保护的，受害人可以在必要范围内采取扣留侵权人的财物等合理措施。受害人实施前款行为后，应当立即请求有关国家机关处理。受害人采取的措施不当造成他人损害的，应当承担侵权责任。对该规定，各方面提出了很多意见和建议。有的建议对“合法权益”进行限定，将“合法权益受到侵害”修改为“因自己的合法权益受到侵害”，以进一步明确实施自助行为的前提条件，防止被滥用。有的建议明确“情况紧迫”的内涵。有的提出，自助行为人只有在侵权人逃跑或转移财产、日后难以查找等紧迫情况下，为保全或恢复自己的权利，才可以对他人财产采取扣留等措施，否则完全可以在事后通过民事诉讼等其他方式向国家机关寻求救济，建议在“情况紧迫且不能及时获得国家机关保护的”后增加规定“如不采取自助行为，则以后权利无法实现或难以实现”。

针对这些意见和建议，民法典侵权责任编三审稿作了修改完善，规定：合法权益受到侵害，情况紧迫且不能及时获得国家机关保护，不立即采取措施将使其权益受到难以弥补的损害的，受害人可以在必要范围内采取扣留侵权人的财物等合理措施，但是应当立即请求有关国家机关处理。受害人采取的措施不当造成他人损害的，应当承担侵权责任。2019 年 12 月形成民法典草案时，在三审稿的基础上进一步修改完善，将“不立即采取措施将使其权益”修改为“不立即采取措施将使其合法权益”。此后，根据各方面的意见，又在民法典草案的基础上进一步完善，主要是进一步明确受害人可以实施自助行为的范围：“在保护自己合法权益的”这一必要范围内。

本条在适用上把握以下几点：

一是情况紧迫且不能及时获得国家机关保护，这是前提条件。例如，走在路上发现自己被盗的自行车，此时不马上扣下自行车，以后将很难找到；马上去报案或者拨打“110”，时间上来不及。

二是不立即采取措施将使其合法权益受到难以弥补的损害的，这是必要条件。如前例所述，如果不马上扣下自行车，骑车人骑着车走了，以后再去寻找车在哪里就很困难了。我国民事诉讼法、专利法等法律均使用了“难以弥补”的表述，为保持法律之间的一致性，本条使用了该表述。

三是只能在保护自己合法权益的必要范围内采取扣留侵权人的财物等合理措施，这是范围条件。“保护自己合法权益”把自助行为的目的揭示出来，实施自助行为不能超越保护自己合法权益这个范围；“必要范围”“合理措施”主要是自助行为扣留的财物应当与保护的利益在价值上大体相当。例如，餐馆老板发现有人吃“霸王餐”，不交钱准备离去。为了维护自己的合法权益，可以扣留与餐费价值差不多的物品，要求将来送餐费时再归还物品。

四是应当立即请求有关国家机关处理，这是合法条件。自助行为结束后，行为人必须及时寻求公权力机关救济。若行为人怠于寻求公权力机关救济，或被公权力机关驳回，或被公权力机关认定行为超出必要限度，则不排除其行为不法性，仍须依侵权行为承担相应后果。“立即请求”指自助行为完成后，“情况紧迫”的阻却事由消失，受害人应当立刻、无迟延地向有关国家机关报告自己实施了自力救济的事实，由公权力及时介入处理。只有这样，自力救济才具有正当性，成为民法上的免责事由。同时本条明确规定，受害人采取的措施不当造成他人损害的，就突破了自力救济的必要性，应当承担侵权责任。

第一千一百七十八条　本法和其他法律对不承担责任或者减轻责任的情形另有规定的，依照其规定。

❖ 条文主旨 ❖

本条是关于民法典和其他法律在民事责任承担上衔接的规定。

❖ 条文解读 ❖

我国规范侵权责任的法律有两个层次：第一个层次是民法典侵权责任编。从基本法的角度对侵权责任作出三类规定：一是普遍适用的共同规则；二是典型的侵权种类的基本规则；三是其他单行法不可能涉及的一些特殊规则。第二个层次是相关法律。许多单行法都从自身调整范围的角度对侵权责任作出一条或者几条规定。如道路交通安全法第 76 条规定了交通事故赔偿原则。有关侵权责任的法律在宪法统率下相辅相成，共同规范侵权责任。

侵权责任法第 5 条规定，“其他法律对侵权责任另有特别规定的，依照其规定”。民法典编纂过程中，对侵权责任法的这条规定进行了必要的拓展，草案三次审议稿第 955 条曾规定，本编和其他法律对不承担责任或者减轻责任的情形另有规定的，依照其规定。有的提出，本条是不承担责任或者减轻责任的兜底条款。除侵权责任编以外，民法典总则编、物权编、合同编、继承编等分编，以及其他法律中对不承担或者减轻责任的情形均有明确规定，建议兜底条款囊括这些情形。经研究，我们采纳了这一意见，最终规定为：本法和其他法律对不承担责任或者减轻责任的情形另有规定的，依照其规定。

适用过错责任归责原则和无过错责任归责原则的侵权行为，能否以及如何适用本条，需要分别讨论。

1. 本法第 1165 条对过错责任作了规定。过错责任是侵权责任领域中最常见的归责原则，生活是复杂的、丰富多样的，过错责任的具体表现也就相差很大。因此，适用过错责任归责原则的侵权行为的减轻或者免除责任事由，在民法典侵权责任法律的几个高度概括的条文中无法涵盖和穷尽罗列，所有规范和涉及民事生活的民事基本法、民事单行法、各特别法中，都有大量的除外情形。本章规定的这几种不承担责任或者减轻责任的情形，适用过错责任归责原则的侵权行为当然要适用，但是，如果本法和其他法律另有规定的，也要依照其规定。

2. 本法第 1166 条对无过错责任作了规定。对于无过错责任能否适用本条，需要区分两种情形：

一是法律在相应条文中对责任的免除或者减轻事由作了明确规定的，应当适用该条中的相关规定。换句话说，本章规定的这几种不承担责任或者减轻责任的情形，在该规定中就不能全部适用。例如，本法第 1237 条规定，民用核设施或者运入运出核设施的核材料发生核事故造成他人损害的，免责事由为"能够证明损害是因战争、武装冲突、暴乱等情形或者受害人故意造成的"。对民用核设施或者运入运出核设施的核材料发生核事故造成他人损害的，只能是"能够证明损害是因战争、武装冲突、暴乱等情形或者受害人故意造成的"。又如，本法第 1240 条规定，从事高空、高压、地下挖掘活动或者使用高速轨道运输工具造成他人损害的，免除责任的事由为"能够证明损害是因受害人故意或者不可抗力造成的"，减轻责任的事由只能为"被侵权人对损害的发生有重大过失的"。

二是法律规定某行为适用无过错责任归责原则，但是在相应条文中对责任的免除或者减轻责任事由未作规定，则其不承担责任或者减轻责任的情形，适用本章规定的这几种情形。例如，本法第 1229 条规定，因污染环境、破坏生态造成他人损害的，侵权人应当承担侵权责任。该条是无过错责任归责原则的情形，但没有规定免除或者减轻责任事由，可以适用本章规定的这几种不承担责任或者减轻责任情形的规定，当然，如果环境法律、行政法律等其他法律对不承担责任或者减轻责任的情形另有规定的，依照其规定。

单行法对不承担责任或者减轻责任规定了很多情形，此处不再赘述。本法中也规定了一些不承担责任或者减轻责任的情形，例如，本法第316条规定，拾得人在遗失物送交有关部门前，有关部门在遗失物被领取前，应当妥善保管遗失物。因故意或者重大过失致使遗失物毁损、灭失的，应当承担民事责任。根据此规定，拾得人一般过失是不承担责任的。又如，本法第897条规定，保管期内，因保管人保管不善造成保管物毁损、灭失的，保管人应当承担赔偿责任。但是，无偿保管人证明自己没有故意或者重大过失的，不承担赔偿责任。根据此规定，无偿保管人一般过失是不承担责任的。再如，本法第1148条规定，遗产管理人应当依法履行职责，因故意或者重大过失造成继承人、受遗赠人、债权人损害的，应当承担民事责任。根据此规定，遗产管理人一般过失是不承担责任的。

第二章　损害赔偿

本章共九条，主要规定了人身损害赔偿范围、以相同数额确定死亡赔偿金、请求权的转移、侵害人身权益造成财产损失的赔偿、精神损害赔偿、财产损失的计算方式、严重侵犯知识产权的惩罚性赔偿、公平分担损失、赔偿费用支付方式等内容。

本章是在侵权责任法第二章“责任构成和责任方式”的基础上，增删编纂形成的，民法典侵权责任编一审稿中章名为“责任承担”。有的意见提出，本章绝大部分条文解决的都是损害赔偿问题，而且侵权责任编的责任形式也主要是损害赔偿。此外，应当将侵权损害赔偿请求权与绝对权请求权相区分，有关绝对权请求权主要由物权编和人格权编作出规定，侵权责任编主要规定侵权损害赔偿。经研究我们采纳了这一建议，从民法典侵权责任编二审稿开始，本章的章名修改为“损害赔偿”。

第一千一百七十九条 侵害他人造成人身损害的，应当赔偿医疗费、护理费、交通费、营养费、住院伙食补助费等为治疗和康复支出的合理费用，以及因误工减少的收入。造成残疾的，还应当赔偿辅助器具费和残疾赔偿金；造成死亡的，还应当赔偿丧葬费和死亡赔偿金。

❖ 条文主旨 ❖

本条是关于人身损害赔偿范围的规定。

❖ 条文解读 ❖

人身损害赔偿，是指行为人侵犯他人的生命健康权益造成致伤、致残、致死等后果，承担金钱赔偿责任的一种民事法律救济制度。侵权责任法第16条规定了人身损害赔偿制度，消费者权益保护法、产品质量法等法律以及相关司法解释对人身损害赔偿制度都有规定。本条在侵权责任法等法律规定的基础上作了完善。

一、侵害他人造成人身损害的一般赔偿范围

这是指侵犯他人生命健康权益造成人身损害一般都要赔偿的项目。无论是致伤、致残还是致死，凡是有一般赔偿范围内所列项目的费用支出，行为人均应赔偿。本条在侵权责任法的基础上，吸收最高人民法院司法解释，增加了“营养费”“住院伙食补助费”这两项赔偿项目；为了与残疾人保障法的表述一致，将“残疾生活辅助具”修改为“辅助器具”。行为人的行为造成他人人身伤害但并未出现残疾或者死亡后果的，原则上行为人仅须赔偿本条规定的一般赔偿范围内的赔偿项目。这里需要强调的是，本条所列举的一般赔偿范围内的赔偿项目仅是几种比较典型的费用支出，实践中并不仅限于这些赔偿项目，只要是因为治疗和康复所支出的所有合理费用，都可以纳入一般赔偿的范围，但前提是合理的费用才能予以赔偿，否则既会增加行为人不应有的经济负担，也会助长受害人的不正当请求行为，有失公正。因此，在司法实践中，法官必须在查清事实的基础上，结合医疗诊断、鉴定和调查结论，准确确定人身损害的一般赔偿范围。对人身损害的赔偿要坚持赔偿与损害相一致的原则，既要使受害人获得充分赔偿，又不能使其获得不当利益。基于这一原则，对医疗费、护理费、交通费、营养费、住院伙食补助费等为治疗和康复支出的合理费用，以及因误工减少的收入的赔偿，因一般都有具体衡量的标准，应当全部赔偿，即损失多少就赔偿多少。

二、造成残疾的赔偿范围

对于残疾的赔偿范围，我国的立法有一个发展变化的过程。根据民法通则第 119 条的规定，受害人残疾的，应当赔偿医疗费、因误工减少的收入、残废者生活补助费等费用，对于是否赔偿被扶养人生活费和残疾赔偿金没有明确规定。1993 年颁布的产品质量法、消费者权益保护法则明确规定，受害人残疾的，除应当赔偿医疗费、治疗期间的护理费、因误工减少的收入等费用外，还应当支付残疾者生活自助具费、生活补助费、残疾赔偿金以及由其扶养的人所必需的生活费等费用，但是没有明确生活补助费、残疾赔偿金以及由其扶养的人所必需的生活费三者之间的关系。对此，理论界有不同认识，法官在司法实践中也有不同做法。例如，2003 年《最高人民法院关于审理人身损害赔偿案件适用法律若干问题的解释》第 17 条规定，受害人因伤致残的，除赔偿医疗费、误工费、护理费、交通费、住宿费、住院伙食补助费、必要的营养费外，还应当赔偿其因增加生活上需要所支出的必要费用以及因丧失劳动能力导致的收入损失，包括残疾赔偿金、残疾辅助器具费、被扶养人生活费，以及因康复护理、继续治疗实际发生的必要的康复费、护理费、后续治疗费等，赔偿义务人也应当赔偿。侵权责任法规定，造成受害人残疾的，除应当赔偿医疗费、护理费、交通费等为治疗和康复支出的合理费用，以及因误工减少的收入外，还应当赔偿残疾生活辅助具费和残疾赔偿金。民法典侵权责任编在造成残疾的赔偿范围上，在侵权责任法的基础上，增加了营养费、住院伙食补助费，并将“残疾生活辅助具”的表述修改为“辅助器具”。

三、造成死亡的赔偿范围

人身损害死亡赔偿制度，是指自然人因生命权受侵害而死亡，侵权人承担金钱赔偿责任的一种民事法律救济制度。对死亡赔偿的范围，根据民法通则第 119 条规定，除应当赔偿医疗费、因误工减少的收入等费用外，还应当支付丧葬费、死者生前扶养的人必要的生活费等费用。1993 年颁布的消费者权益保护法、产品质量法和 1994 年颁布的国家赔偿法规定，因侵权行为造成他人死亡的，除赔偿医疗费、护理费等费用外，应当支付丧葬费、人身损害死亡赔偿金以及由死者生前扶养的人所必需的生活费等费用。这三部法律，均采取在丧葬费和被扶养人生活费以外，同时给付死亡赔偿金的模式。2003 年《最高人民法院关于审理人身损害赔偿案件适用法律若干问题的解释》规定，受害人死亡的，赔偿义务人除应当根据抢救治疗情况赔偿医疗费、护理费、营养费等相关费用外，还应当赔偿丧葬费、被扶养人生活费、死亡补偿费以及受害人亲属办理丧葬事宜支出的交通费、住宿费和误工损失等其他合理费用。司法解释对死亡赔偿项目的列举，比法律明确列举的赔偿项目要更多一些。侵权责任法在立法和司法实践经验基础上，借鉴国外做法，规定侵害他人造成死亡的，除应当赔偿一般人身损害赔偿项目外，还应当赔偿丧葬费和死亡赔偿金。民法典侵权责任编在这一方面与侵权责任法的规定一致。

民法典侵权责任编编纂过程中，有意见提出法律规定统一的残疾赔偿金和死亡赔偿金计算标准。侵权责任编曾经尝试作出规定：残疾赔偿金的确定以国家上年度职工平均工资为基础，并可以综合考虑被侵权人丧失劳动能力的程度、受伤时的年龄、受伤前的收入状况、被扶养人的生活状况等因素。死亡赔偿金的确定以国家上年度职工平均工资为基础，并可以综合考虑被侵权人死亡时的年龄、死亡前的收入状况、被扶养人的生活状况等因素。对这一规定，在征求意见过程中，各方面有不同的认识，存在较大争议。有的提出，全国统一标准使计算数额过高，西部省区的侵权责任人难以承受。有的提出，我国幅员辽阔，各地区之间的经济发展水平和职工收入存在较大差距，全国采用单一的全国统一标准不利于解决实际的个案纠纷。我们认真分析收到的各种意见建议，又尝试将残疾赔偿金和死亡赔偿金的确定基础修改为“受诉的省级法院所在地国家上年度职工平均工资”。对此有的提出，这一规定又产生了“地区歧视”，也不公平。还有的提出，这一规定还可能造成当事人为获得较高赔偿而选择管辖法院的情况。综合来看，残疾赔偿金、死亡赔偿金的问题十分复杂，无论是侵权责任法还是民法典侵权责任编，都无法简单规定一个“放之全国而皆准”的标准，宜由法官在处理具体案件时，根据个案的特殊情况，运用自由裁量权进行裁判。据此，民法典也没有规定残疾赔偿金和死亡赔偿金的计算标准。残疾赔偿金和死亡赔偿金的决定，宜由法官在司法实践中，根据案件的具体情况，综合考虑各种因素后确定数额；也可以由最高人民法院结合近年来的司法经验，修改目前适用的司法解释的规定。但是，为了便于解决纠纷，使受害人及时有效地获得赔偿，对因同一侵权行为造成多人死亡的情况，法律规定了可以以相同数额确定死亡赔偿金。

第一千一百八十条　因同一侵权行为造成多人死亡的，可以以相同数额确定死亡赔偿金。

❖ 条文主旨 ❖

本条是关于以相同数额确定死亡赔偿金的规定。

❖ 条文解读 ❖

在侵权责任法立法中，有的提出，在许多情况下，根据死者年龄、收入状况等情形，确定的死亡赔偿数额有所不同，但在因同一事故造成多人死亡时，为便于解决纠纷，实践中，不少采用相同数额予以赔偿。例如，有的地方，对药物损害事故中的多个死者统一赔偿每人 20 万元，这样的做法起到了较好的社会效果和法律效果。侵权责任法吸收实践中的这些有益做法，在第 17 条规定，因同一侵权行为造成多人死亡的，可以以相同数额确定死亡赔偿金。民法典编纂过程中，有的建议删除本条规定。经过研究，民法典侵权责任编保留了侵权责任法的规定。立法中作出这一规定主要有以下考虑：

在境外，也有的国家采用了类似做法，如日本自 20 世纪 70 年代以来，在环境污染、药物损害、交通事故等导致多人死亡的侵权案件中，常常采用“概括的一揽子赔偿方式”解决死亡赔偿问题。“概括的一揽子赔偿方式”将受害人受到的所有社会、经济、精神损害作为一个损害，不区分财产损害与非财产损害，也不将财产损害细化为若干项目，而赋予受害人统一的赔偿请求权。

从国外经验以及我国实践情况看，在因同一侵权行为造成多人死亡的案件中，以相同数额确定死亡赔偿金主要有以下好处：一是在因同一侵权行为造成多人死亡引发的众多诉讼中，对众多的损害项目和考虑因素逐一举证比较烦琐，而且有时证明较为困难。以相同数额确定死亡赔偿金可以避免原告的举证困难，并防止因此而导致的诉讼迟延，让其可以及时有效地获得赔偿。二是考虑每个死者的具体情况分别计算死亡赔偿金，不但未必能计算到损害的全部内容，而且让法院面临较为沉重的负担，不利于节省司法资源。以相同数额确定死亡赔偿金不但可将受害人及其亲属受到的肉体、社会生活、精神生活等损害覆盖其中，有效避免挂一漏万，更好地保护受害人利益，还可以减轻法院负担，节约司法资源。三是以相同数额确定死亡赔偿金可以维护众多原告之间的团结。在处理导致多人死亡的侵权案件时，以同一数额确定死亡赔偿金，既迅速救济了原告，也防止了原告之间相互攀比，避免同一事故中的众多原告之间赔偿数额差距过大引发社会争论。实际上，从我国近些年的司法实践看，在一些因同一事故导致多人死亡的侵权案件中，由于法院最终判决的死亡赔偿金在众多原告之间差异较大，引起了当事人不满，社会效果也不是很好。

在本条的理解上需要注意：

一是以相同数额确定死亡赔偿金并非确定死亡赔偿金的一般方式，若分别计算死亡赔偿金较为容易，可以不采用这种方式。

二是根据本法的规定，以相同数额确定死亡赔偿金原则上仅适用于因同一侵权行为造成多人死亡的案件。

三是本条特别强调，对因同一侵权行为造成多人死亡的，只是“可以”以相同数额确定死亡赔偿金，而不是任何因同一侵权行为造成多人死亡的案件都“必须”或者“应当”以相同数额确定死亡赔偿金。至于什么情况下可以，什么情况下不可以，法院可以根据具体案情，综合考虑各种因素后决定。实践中，原告的态度也是一个重要的考虑因素，多数原告主动请求以相同数额确定死亡赔偿金的，当然可以；原告没有主动请求，但多数原告对法院所提以相同数额确定的死亡赔偿金方案没有异议的，也可以适用这种方式。

四是以相同数额确定死亡赔偿金的，原则上不考虑受害人的年龄、收入状况等个人因素。

这里还需要强调一点，本条只是规定，因同一侵权行为造成多人死亡的，可以对“死亡赔偿金”以相同数额确定，对死者在死亡前产生的医疗费、护理费等合理费用支出，以及丧葬费支出，宜根据实际支出情况单独计算，损失多少，赔偿多少。

第一千一百八十一条　被侵权人死亡的，其近亲属有权请求侵权人承担侵权责任。被侵权人为组织，该组织分立、合并的，承继权利的组织有权请求侵权人承担侵权责任。

被侵权人死亡的，支付被侵权人医疗费、丧葬费等合理费用的人有权请求侵权人赔偿费用，但是侵权人已经支付该费用的除外。

❖ 条文主旨 ❖

本条是关于被侵权人死亡后，谁可以成为请求权主体的规定。

❖ 条文解读 ❖

被侵权人仅仅受到伤害、残疾，或者被侵权人作为组织仍存在的情况下，请求权人原则上是被侵权人本人。但是，被侵权人死亡的，其权利能力消灭，法律主体资格不复存在，死者不可能以权利主体资格请求侵权人承担侵权责任。同样，被侵权人为组织，其分立、合并的，被侵权人的法律主体资格也消失，也不可能以权利主体资格请求侵权人承担侵权责任。因此，在这两种情况下，请求权人都只能是被侵权人以外的主体。

从国外的立法来看，将被侵权人死亡情况下的请求权人分为以下两种情况：一是经济损失的请求权人。被侵权人死亡的情况下，请求权人为死者近亲属、受扶养人和丧葬费支付人，但对被扶养人的范围，规定不完全相同。二是精神损害的请求权主体。受害人死亡导致其近亲属精神损害的，该近亲属可以为请求权人。这里的近亲属一般指父母、子女及配偶。

侵权责任法在总结我国立法经验和司法实践经验基础上，参考国外立法，在第18条分两款作了规定：被侵权人死亡的，其近亲属有权请求侵权人承担侵权责任。被侵权人为单位，该单位分立、合并的，承继权利的单位有权请求侵权人承担侵权责任。被侵权人死亡的，支付被侵权人医疗费、丧葬费等合理费用的人有权请求侵权人赔偿费用，但侵权人已支付该费用的除外。因为民法总则将单位修改为法人、非法人组织，民法典侵权责任编在继承侵权责任法第18条的基础上，应与编纂入民法典的总则编保持用语一致。考虑到法人、非法人组织与自然人相比，均为组织形态，为了用语表述简单，本条将侵权责任法第18条中的“单位”修改为“组织”。

根据本条第1款的规定，被侵权人死亡的，其近亲属有权请求侵权人承担侵权责任。近亲属的范围在本法第1045条作了明确规定，包括配偶、父母、子女、兄弟姐妹、祖父母、外祖父母、孙子女、外孙子女。

根据本条第2款的规定，被侵权人死亡，支付被侵权人医疗费、丧葬费等合理费用的人有权请求侵权人赔偿费用，但是，侵权人已经支付该费用的除外。在司法实践中，支付被侵权人死亡前的医疗费等合理费用的，不一定是被侵权人本身，而是其亲属、朋友或者其他人；对于丧葬费，由于受害人已经死亡，只能是其亲属、朋友或者其他人支付。若支付这些费用的是被侵权人的近亲属，这些近亲属当然可以依据本条第 1 款的规定请求侵权人赔偿这些费用，若支付这些费用的并非其近亲属，而是其朋友、其他人或者某一组织的，实际支付费用的主体也可以作为独立的请求权人请求侵权人赔偿这些费用，但若侵权人已将这些费用赔偿给被侵权人近亲属的，实际支付这些费用的主体就不能再向侵权人请求赔偿，而只能要求获得赔偿的近亲属返还这些费用。赋予实际支付医疗费、丧葬费等费用的主体独立请求权，有利于弘扬帮扶帮衬的社会美德，保护善良的社会风俗，也可以防止侵权人获得不当利益。

在民法典侵权责任编编纂过程中，有的提出，本条第 2 款仅考虑法人和其他组织的分立、合并情形，没有考虑到这些主体的被撤销、解散和破产清算等情形的请求权主体问题。我们研究认为，本条的立法目的是解决被侵权人死亡后请求权主体的确定以及费用的追偿问题。对于组织的解散和破产清算等情形中权利如何承继，已经在企业破产法等单行法中作出了明确规定，不需要在此作出规定。

第一千一百八十二条　侵害他人人身权益造成财产损失的，按照被侵权人因此受到的损失或者侵权人因此获得的利益赔偿；被侵权人因此受到的损失以及侵权人因此获得的利益难以确定，被侵权人和侵权人就赔偿数额协商不一致，向人民法院提起诉讼的，由人民法院根据实际情况确定赔偿数额。

❖ 条文主旨 ❖

本条是关于侵害他人人身权益造成财产损失赔偿的规定。

❖ 条文解读 ❖

人身权益是民事主体最基本的权益，侵害他人人身权益应当依法承担侵权责任。本条在侵权责任法第 20 条的基础上，增加了被侵权人的选择，对于侵害他人人身权益如何计算财产损失作了较为具体的规定。

一、按照被侵权人受到的损失赔偿

根据侵害行为及侵害人身权益内容的不同，侵害他人的人身权益造成财产损失的赔偿范围也不尽相同。主要包括：

1. 侵害他人生命、健康、身体等权益造成的财产损失的赔偿范围，一般包括积极的财产损失和可得利益的损失。依照本法第 1179 条规定的为积极的财产损失。此外，被侵权人因全部或者部分丧失劳动能力而减少的预期收入；被侵权人死亡的，其因死亡而不能获得的未来一定期限内的预期收入等为可得利益的损失，即因侵权行为的发生导致被侵权人本应获得而无法获得的可得利益损失。

2. 侵害他人名誉权、荣誉权、姓名权、肖像权和隐私权等人身权益造成的财产损失。这些可以根据不同的侵权行为和相关证据具体判断处理，有实际财产损失的，按照实际损失赔偿，没有实际损失的，可以根据法律的相关规定给予救济。

二、按照侵权人因此获得的利益赔偿

一些侵害人身权益的行为财产损失难以确定，尤其是在被侵权人的知识产权被侵害等情况下，很难确定财产损失。在总结我国的司法实践经验基础上，侵权责任法第 20 条明确规定，“被侵权人的损失难以确定，侵权人因此获得利益的，按照其获得的利益赔偿”。在民法典侵权责任编编纂过程中，有的提出，随着社会发展和利益多元化，侵权行为具体样态越发复杂。侵权责任法规定只有在“被侵权人的损失难以确定”的情形下，才能适用“侵权人因此获得利益的，按照其获得的利益赔偿”，在某些情形下对保护被侵权人的权益不利。建议不再规定先后顺序，赋予被侵权人一定的选择权，在被侵权人因侵权行为受到的损失或者侵权人因侵权行为获得的利益赔偿中进行选择，这样既能有效获得赔偿实现公平正义，又能有效遏制与震慑侵权行为。

我们慎重研究后认为，从总体上考虑，本条赋予被侵权人一定的选择权比较好。一是这样便于被侵权人选择对自己有利的赔偿方案，从而有利于保护受害人的权益。二是这样规定便于案件争议迅速有效解决。三是侵权责任法第 20 条规定的实际损失赔偿、侵权所得赔偿和法院根据实际情况确定赔偿数额三种方式渐次展开，虽然只是将“侵权人获得的利益难以确定”作为酌定赔偿的适用条件，但酌定赔偿适用的条件实际上是被侵权人的损失和侵权人获得的利益均难以确定。由被侵权人进行选择，被侵权人肯定选择最能弥补其损害的计算方式，因此不违反填平原则。

三、由人民法院根据实际情况确定赔偿数额

该规定主要针对获利难以计算的情况。例如，有的侵权人将别人的隐私放在网络上造成很坏的影响，如果他自己并没有获利，依照“按照被侵权人因此受到的损失”或者“侵权人因此获得的利益”赔偿，不能很好地保障被侵权人的权益，侵权人也得不到惩罚。此种情况下，被侵权人与侵权人可以就赔偿数额进行协商，协商不一致的，被侵权人可以向人民法院提起诉讼，由法院根据实际情况赔偿数额。这项规定表达了三层含义：一是侵权人损人没有获利或者获利难以计算的情况下，当事人可以就赔偿数额进行协商；二是赋予被侵权人获得赔偿的请求权，侵权人不能因为没有获利或者获利难以计算就不负赔偿责任；三是如何确定赔偿数额由法院根据侵权人的过错程度、具体侵权行为和方式、造成的后果和影响等确定。

第一千一百八十三条　侵害自然人人身权益造成严重精神损害的，被侵权人有权请求精神损害赔偿。

因故意或者重大过失侵害自然人具有人身意义的特定物造成严重精神损害的，被侵权人有权请求精神损害赔偿。

❖ 条文主旨 ❖

本条是关于精神损害赔偿的规定。

❖ 条文解读 ❖

精神损害赔偿是受害人因人格利益或身份利益受到损害或者遭受精神痛苦而获得的金钱赔偿。

我国民法通则中没有规定精神损害赔偿制度。2001 年最高人民法院在民事侵权精神损害赔偿责任的司法解释中，对精神损害赔偿作了较为详尽的规定，以指导司法实践。该司法解释规定，具有人格象征意义的特定纪念物品，因侵权行为而永久性灭失或者毁损，物品所有人以侵权为由，向人民法院起诉请求赔偿精神损害的，人民法院应当依法予以受理。同时，该解释规定了确定精神损害赔偿数额的考虑因素。2009 年颁布的侵权责任法第一次在民事法律中对精神损害赔偿作了规定，即侵害他人人身权益，造成他人严重精神损害的，被侵权人可以请求精神损害赔偿。在 2013 年修改的消费者权益保护法中进一步规定，经营者有侮辱诽谤、搜查身体、侵犯人身自由等侵害消费者或者其他受害人人身权益的行为，造成严重精神损害的，受害人可以要求精神损害赔偿。

随着实践的发展，社会公众对精神损害赔偿的认知有加深也有误读，人民法院受理的请求承担精神损害赔偿的案件不断增多，司法实践反映现行法仍存在一些问题。为满足实践需要，在民法典侵权责任编编纂过程中，结合各方面提出的意见和建议，在侵权责任法第 22 条的基础上更进一步，作出修改完善：一是将“他人”修改为“自然人”，明确我国精神损害赔偿的主体只能是自然人。二是将“被侵权人可以请求精神损害赔偿”修改为“被侵权人有权请求精神损害赔偿”，在侵权责任编中统一规范请求权术语的表达。三是扩大了精神损害赔偿的适用范围，增加一款，规定“因故意或者重大过失侵害自然人具有人身意义的特定物造成严重精神损害的，被侵权人有权请求精神损害赔偿”。

1. 根据本条第 1 款的规定，侵害自然人人身权益造成严重精神损害的，被侵权人有权请求精神损害赔偿。第一，精神损害赔偿的范围是人身权益，侵害财产权益不在精神损害赔偿的范围之内。第二，需要造成严重精神损害。并非只要侵害他人人身权益被侵权人就可以获得精神损害赔偿，偶尔的痛苦和不高兴不能认为是严重精神损害。之所以强调“严重”的精神损害，是为了防止精神损害赔偿被滥用。对“严重”的解释，应当采容忍限度理论，即超出了社会一般人的容忍限度，就认为是“严重”。第三，被侵权人有权请求精神损害赔偿。一般来说，请求精神损害赔偿的主体应当是直接遭受人身权侵害的本人，自不待言。在民法典侵权责任编编纂过程中，有的提出，被侵权人因侵权行为死亡的，其近亲属能不能主张精神损害赔偿，不够明确，建议予以明确。我们认为，自侵权责任法明确规定精神损害赔偿制度开始，我国民事立法对这一问题态度就是明确的：被侵权人因侵权行为死亡而导致近亲属受到严重的精神损害的，此时，本条第1款中规定的“侵害自然人人身权益”中“自然人”就是被侵权人的近亲属。因被侵权人已经死亡，不存在本人精神损害的问题，是因为其死亡，给其近亲属造成了严重精神损害，因此本条第1款已经解决了这个问题。

2. 根据本条第2款的规定，因故意或者重大过失侵害自然人具有人身意义的特定物造成严重精神损害的，被侵权人有权请求精神损害赔偿。在编纂过程中，民法典侵权责任编曾将本款与第1款放在一起规定。有的建议，不要将“自然人人身权益”与“具有人身意义的特定物”混在一起规定。我们研究认为，侵害自然人人身权益在很多情形下会造成严重精神损害，但是对“具有人身意义的特定物”应当严格限定，即使侵害了，也给受害人造成了严重精神损害，未必一定要承担精神损害赔偿责任。因为对侵权人而言，自己的行为侵害了被侵权人的物权，自己对此是非常清楚的。但是，除了遗体、遗骨等极少数物品之外，法律不能一般性地期待侵权人认知该物对被侵权人具有人身意义。只有当侵权人明知是“具有人身意义的特定物”而故意加以侵害，且造成严重精神损害的，才能要求其承担精神损害赔偿。因此，将此内容单列一款作了规定。第一，本款规定了侵害行为的主观要件，即故意或者重大过失。在民法理论中，重大过失基本等同于故意。第二，“具有人身意义的特定物”的范围，在实践中主要涉及的物品类型为：（1）与近亲属死者相关的特定纪念物品（如遗像、墓碑、骨灰盒、遗物等）；（2）与结婚礼仪相关的特定纪念物品（如录像、照片等）；（3）与家族祖先相关的特定纪念物品（如祖坟、族谱、祠堂等）。这些物品对被侵权人具有人身意义。

3. 关于精神损害赔偿的数额。精神损害本身无法用金钱数额进行衡量，但是精神损害赔偿的数额应该与精神损害的严重程度相一致。侵权人的过错程度、侵害手段、场合、行为方式、侵权行为所造成的后果，是衡量被侵权人精神损害程度的重要因素。越是故意甚至恶意的主观状态，在更为公开的场合、以更为恶劣的加害手段侵害被侵权人，对被侵权人造成越为严重的后果，则被侵权人所受精神损害的程度就越深，侵权人应承担的赔偿数额也就越高。同时应当承认，精神损害赔偿数额与侵权人的获利情况、侵权人承担责任的经济能力、司法政策、法官结合具体案件自由裁量密不可分，因此精神损害赔偿的数额，宜在具体案件中，结合个案情况灵活处理。随着社会经济的发展变化，精神损害赔偿的数额也会随之发生变化。

第一千一百八十四条　侵害他人财产的，财产损失按照损失发生时的市场价格或者其他合理方式计算。

◆ 条文主旨 ◆

本条是关于财产损失计算的规定。

◆ 条文解读 ◆

财产权益是民事权益中的重要组成部分，包括物权、知识产权、股权和其他投资性权利、网络虚拟财产等具有财产性质的权益。

因侵权行为导致财产损失的，一般按照财产损失发生时的市场价格计算，也就是以财产损失发生的那个时间，该财产在市场上的价格为计算标准，完全毁损、灭失的，要按照该物在市场上所对应的标准全价计算，如果该物已经使用多年的，其全价应当是市场相应的折旧价格。例如，一辆已经开了 5 年的汽车被毁坏，其全价应当是二手车市场与该种车型及使用年限相对应的价格；财产部分毁损的，应当按照由于毁损使该物价值减损的相应的市场价格标准计算。如果该财产没有在市场上流通，没有市场的对应价格，可以采用其他合理方式计算，包括评估等方式，如家传的古董，没有市场价格，就可以按照评估价格计算。

本条系继承了侵权责任法第19条的规定，未作变更。在民法典侵权责任编编纂过程中，有的提出，实践中，从财产受到损失到法院作出判决一般都会经历较长时间，财产价格因市场因素很可能会发生较大变化，若只能按照损失发生时的市场价格计算赔偿额，对被侵权人不是很公平。还有的建议明确"其他合理方式"的具体类型是什么，以增强可操作性。

我们经研究认为，一般来说，市场价格会有上升或下降的可能，一个侵权案件审判终结需要一段时日，如果对于价格标准不作确定，则可能在司法实践中引起混乱，侵权行为发生时、诉讼开始时、诉讼终结时等都可能成为法官考虑的时间点，由于市场价格的波动，不同的时间点可能赔偿的数额就会不同。为了避免司法实践中可能出现规则运用上的不统一，本条需要明确对财产损失的计算标准，最终规定以财产损失发生的时间点计算赔偿价格，主要考虑两点：一是这个时间点相比较其他时间点最容易固定和掌握。其他时间点上，例如，起诉之日、立案之日、判决作出之日等均有各种诉讼法上的不确定性，有可能存在同一类型案件确定时间不同的情况，不利于统一财产损失的计算点。二是本条还规定了"或者其他合理方式计算"确定损失的方法。当价格波动较大时，为了使被侵权人获得充分的救济，法官可以以其他合理方式确定损失。社会不断发展，实践极其复杂，法律没有限定"其他合理方式"的范围，由法官结合具体案情自由裁量。

第一千一百八十五条　故意侵害他人知识产权，情节严重的，被侵权人有权请求相应的惩罚性赔偿。

❖ 条文主旨 ❖

本条是关于故意侵害他人知识产权惩罚性赔偿的规定。

❖ 条文解读 ❖

惩罚性赔偿也称惩戒性赔偿，是侵权人给付给被侵权人超过其实际受损害数额的一种金钱赔偿。作为一种集补偿、制裁、遏制等功能于一身的制度，在一些国家和地区得到了广泛运用。

民法典编纂之前，我国现行法律对惩罚性赔偿的具体规定主要体现在消费者权益保护法、食品安全法、商标法、电子商务法等单行法中，民法总则对惩罚性赔偿作了原则性规定。2018 年 8 月民法典各分编草案提请十三届全国人大常委会五次会议一审后，有的提出，加强知识产权保护是完善产权保护制度的重要内容，建议进一步加大对知识产权的保护力度。我们研究认为，以习近平同志为核心的党中央高度重视知识产权保护工作，多次指示和批示要求加强对侵犯知识产权行为的惩罚力度。为了切实加强对知识产权的保护，必须显著提高侵犯知识产权的违法成本，把法律的威慑作用充分发挥出来。据此，2018 年 12 月提请十三届全国人大常委会七次会议审议的民法典侵权责任编草案二审稿增加一条规定："故意侵害知识产权，情节严重的，被侵权人有权请求相应的惩罚性赔偿。"2019 年 8 月提请十三届全国人大常委会十二次会议审议的民法典侵权责任编草案三审稿，在二次审议稿的基础上作了文字完善，规定故意侵害"他人"知识产权，情节严重的，被侵权人有权请求相应的惩罚性赔偿。这一规定延续至民法典本条最终的表述。

目前，我国知识产权法律主要是著作权法、专利法和商标法。此外，国务院颁布的《中华人民共和国商标法实施条例》《集成电路布图设计保护条例》《中华人民共和国植物新品种保护条例》分别对地理标志、集成电路布图和植物新品种作出规定和保护。专利法修改正在进行中，草案对于故意侵犯专利权情节严重的，拟惩罚性赔偿。著作权法、商标法规定了1倍以上5倍以下的惩罚性赔偿数额。地理标志、集成电路布图和植物新品种规定在国务院行政法规中，因行政法规不宜规定惩罚性赔偿，对这三种知识产权的保护可以适用本条的规定。

第一千一百八十六条　受害人和行为人对损害的发生都没有过错的，依照法律的规定由双方分担损失。

❖ 条文主旨 ❖

本条是关于公平分担损失的规定。

❖ 条文解读 ❖

我国民法通则和最高人民法院的司法解释对公平分担作了规定。侵权责任法第24条规定："受害人和行为人对损害的发生都没有过错的，可以根据实际情况，由双方分担损失。"

在民法典侵权责任编编纂过程中，有的提出，侵权责任法的这条适用范围不明确，实践中争议大、裁判不统一，出现了一些问题。一是适用范围宽泛化。一些法院出现了对行为人与受害人都有过错时，或者行为人、第三人有过错的案件，依据该条予以判定的情况。二是自由裁量空间过大。"实际情况"

的确定体现了对多重因素的综合考虑，一般包括受害人所受损失的严重程度、受害人与行为人的具体情况、社会道德准则与和谐等因素。司法判决中，由于侵权责任法的规定有些抽象，法官自由裁量的过程中，出现了认定过于随意、标准失之宽松的情况，导致了公平分担损失原则的滥用，因此，还应妥当限定。为进一步明确公平分担损失原则的适用范围，统一裁判尺度，避免自由裁量尺度过宽等弊端，侵权责任编草案一审稿将侵权责任法规定的“可以根据实际情况，由双方分担损失”修改为“可以依照法律的规定，由双方分担损失”。对此规定，有的意见提出，受害人和行为人对损害的发生都没有过错的情况下，要求分担损失只能依照法律规定，因此，不应再规定“可以”依照法律规定。经研究，我们在侵权责任编草案三审稿开始，采纳这一建议，删除“可以”的表述。

公平责任是不是与过错责任、无过错责任并列的侵权责任的归责原则，要不要在侵权责任法中规定公平责任，这个问题在侵权责任法的立法以及民法典侵权责任编中都有不同意见。有的认为，公平责任原则是我国民法公平原则的必然引申，是由民法所担负的保护公民和法人的合法权利的任务决定的，是市场发展的内在要求，也是淳化道德风尚、建设社会主义精神文明的需要。该责任原则既不同于过错责任，也有别于严格责任，具有相当的特殊性、功能和自身独有的适用范围。有的认为，公平责任不是侵权责任法的归责原则。因为过错责任原则和无过错责任原则，均体现了公平原则的精神。公平原则属于指导性原则，不能成为法院裁判的依据。有的认为，公平责任的适用不具有法律上的确定性，将其作为归责原则，将会背离过错责任这一基本原则，造成另一种形式的不公平。考虑到实践中有适用公平负担的特殊需求，民法通则和最高人民法院的司法解释也都对公平责任作了规定，因此，民法典保留了关于公平分担的规定，但将民法通则规定的“分担民事责任”修改为“分担损失”。该修改主要基于理论和实践两方面考虑：从理论层面来看，无过错即无责任是承担侵权责任的基本原则，既然双方当事人对损害的发生都没有过错，那么行为人就不应承担责任，而只能是分担损失。从实践层面来看，有些情况下让无过错的当事人承担责任，他们比较难以接受。因此，民法典没有将公平分担损失规定为一项侵权责任归责原则。

在本条的理解上需要注意：

1. 公平分担损失的规定是侵权责任编根据实际情况作出的特别规定，与过错责任原则和无过错责任原则均有不同。与过错责任的区别主要有：（1）过错责任原则以行为人的过错作为承担责任的前提，而公平分担行为人并没有过错。（2）承担过错责任以填补受害人全部损失为原则，公平分担只是根据实际情况适当给受害人以补偿。与无过错责任的区别主要有：（1）无过错责任不问行为人是否有过错，其适用以法律的特殊规定为根据。也就是说，承担无过错责任，行为人可能有过错，也可能无过错。而公平分担，行为人没有过错，也不属于法律规定的适用无过错责任的情形。（2）无过错责任适用于法律明确规定的几种情形。而公平分担只是原则规定适用条件，没有具体界定所适用的案件类型。（3）承担无过错责任，有的是填补受害人的全部损失，有的法律规定了最高责任限额。公平分担只是分担损失的一部分，没有最高额限制。

2. 公平分担适用于行为人和受害人对损害的发生均无过错的情况。如果损害由受害人过错造成，应当由其自己负责；如果由行为人或者第三人过错造成，应当由行为人或者第三人负责；如果行为人和受害人对损害的发生都有过错，应当根据他们的过错程度和原因力分配责任。也就是说，只要有过错责任人，都不适用本条规定。公平分担不是说加害人与受害人“各打五十大板”，而是平均分担损失。确定损失分担，应当考虑行为的手段、情节、损失大小、影响程度、双方当事人的经济状况等实际情况，达到公平合理、及时化解矛盾、妥善解决纠纷、促进社会和谐的目的。

3. “法律的规定”可以是本法的规定，例如，“因紧急避险造成损害的，由引起险情发生的人承担民事责任。危险由自然原因引起的，紧急避险人不承担民事责任，可以给予适当补偿”“完全民事行为能力人对自己的行为暂时没有意识或者失去控制造成他人损害有过错的，应当承担侵权责任；没有过错的，根据行为人的经济状况对受害人适当补偿”。除了本法外，“法律的规定”还可以是其他法律根据实践需要作出的相应规定。

第一千一百八十七条　损害发生后，当事人可以协商赔偿费用的支付方式。协商不一致的，赔偿费用应当一次性支付；一次性支付确有困难的，可以分期支付，但是被侵权人有权请求提供相应的担保。

❖ 条文主旨 ❖

本条是关于赔偿费用支付方式的规定。

❖ 条文解读 ❖

侵权责任制度的一项重要功能就是填补受害人的损失。由于损失既包括实际损失，例如，侵害他人造成人身损害，因此产生的医疗费、护理费、交通费、营养费等为治疗和康复支出的合理费用，也包括预期利益的损失，例如，因误工减少的收入；既涉及赔偿的额度，例如，有的赔偿费用只有百十元，有的却有几十万元、上百上千万元，也涉及侵权人的支付能力，例如，有的侵权人拿不出钱，有的财富充裕。因此，赔偿费用的支付方式成为能否有效地保护受害人利益的重要问题。

我国民法通则和最高人民法院相关司法解释对赔偿费用的支付方式也作了规定。侵权责任法借鉴有关国家和地区的立法经验，结合我国已有规定和司法实践的做法，作了规定。民法典侵权责任编继承了侵权责任法的规定。

本条对赔偿费用的支付方式作了三个层面的规定：

1. 由当事人协商确定赔偿费用的支付方式。当事人对赔偿费用支付方式的协商可以包括：是一次性支付还是分期支付；如果是分期支付，分几期，每次付多少，要不要考虑物价变化因素；要不要支付利息，利息如何计算等。当事人可以根据赔偿数额的多少，受害人对赔偿费用的需求程度，侵权人的支付能力等实际情况对赔偿费用的支付进行协商。

由当事人协商确定赔偿费用的支付方式，一是有利于赔偿费用的按时支付。比如，有的赔偿数额不是很高，侵权人一次支付没有问题，可以协商一次支付，而有的赔偿数额超出侵权行为人的支付能力，强求其一次支付，可能会陷入执行难的困境或者导致侵权行为人破产，最终损害受害人的利益。协商确定支付方式，当事人可以根据双方实际情况作出合情合理的支付安排，避免支付障碍。二是有利于合理确定赔偿费用的数额。损害赔偿的目的是弥补受害人的损失，但有时损失多少并不确定，比如，一次性赔偿受害人预期收入的，通常以赔偿费用支付时受害人的收入标准计算赔偿数额，这样就失去了对受害人将来的身体状况、发展机遇、收入调整等变化因素的考量，赔偿数额不一定合理。又如，一次性赔偿难以预测未来物价变动，将来受害人很难以物价上涨为由要求侵权人增加支付，侵权人也不能因物价下降要求退还已支付的赔偿费用。协商确定支付方式，当事人可以通过支付方式的选择，规避赔偿费用未来的风险敞口，保全自己的利益。三是有利于预防纠纷。协商确定支付方式，当事人可以充分表达自己的意愿、需求、面临的困难等，在尊重对方利益的基础上，达成双方都能接受的方案，从而避免因支付而产生新的争议。

当事人协商确定支付方式后，侵权行为人应当按照约定的方式支付赔偿费用，不能将协商作为拖延给付赔偿费用的手段。如果以合法形式掩盖非法目的，违反约定到期不履行支付赔偿费用的义务，受害人有权请求人民法院宣告该约定无效，强制侵权人履行付款义务。

2. 协商不一致的一次性支付。侵权行为发生后，受害人的损失应当得到全面和及时的弥补，因此，如果当事人就赔偿费用的支付方式协商后，受害人不同意分期支付，侵权人就应当一次性支付全部赔偿费用。一次性支付，可以彻底了结纠纷，避免受害人对侵权人未来能否按照约定支付的担心。

3. 一次性支付确有困难的，可以分期支付，但是，被侵权人有权请求提供相应的担保。虽然本条规定当事人就赔偿费用支付协商不成的应当一次性支付，但在实践中确实存在行为人一次性支付确有困难的情况，比如，有的侵权人生活困难；有的侵权人虽可竭尽全力一次性支付，但支付后不能保证自己的基本生活需要，或者造成企业停业甚至破产，带来新的社会问题。侵权责任法虽然要填补受害人损失，但也要兼顾侵权人的合法权益。民事诉讼法也规定，强制执行被执行人的财产，应当保留被执行人及其所扶养家属的生活必需品。因此，本条规定一次性支付确有困难的，可以分期支付。分期支付应当具备以下两个条件：一是一次性支付确有困难。确有困难应当由侵权人举证证明，由人民法院作出判断。二是被侵权人有权请求提供相应的担保。该担保是应被侵权人请求提供的，可以是保证人提供的保证，也可以是侵权人以自己的财产抵押、质押[①]。

第三章　责任主体的特殊规定

本章共十四条，主要规定了监护人的侵权责任，委托监护时监护人的侵权责任，完全民事行为能力人暂时丧失意识后造成他人损害的侵权责任，用人单位的侵权责任，个人之间因劳务产生的侵权责任，承揽关系中的侵权责任，网络侵权责任，宾馆、商场、银行等的安全保障义务，学校、幼儿园等教育机构的责任等。

第一千一百八十八条　无民事行为能力人、限制民事行为能力人造成他人损害的，由监护人承担侵权责任。监护人尽到监护职责的，可以减轻其侵权责任。

有财产的无民事行为能力人、限制民事行为能力人造成他人损害的，从本人财产中支付赔偿费用；不足部分，由监护人赔偿。

❖ 条文主旨 ❖

本条是关于监护人责任的规定。

❖ 条文解读 ❖

民事行为能力是民事主体从事民事活动所具备的资格。只

---

① 质押：指债务人或者第三人将其动产或权利移交债权人占有，以此作为债权的担保。当债务人不履行债务时，债权人有权依照法律规定，以其占有的财产优先受偿。而当债务人将这种责任履行完毕时，质押的财产必须予以归还。这其中，债务人或第三人为出质人，债权人为质权人，移交的动产或权利为质物。

要达到一定的年龄，能够理智地处理自己事务的人，就具有民事行为能力。自然人的民事行为能力依据其年龄和精神健康状况分为完全民事行为能力、限制民事行为能力和无民事行为能力。

设立监护制度的目的是保护被监护人的人身、财产及其他合法权益不受损害，同时监护人也要承担起管教好未成年人和无民事行为能力人、限制民事行为能力的精神病人的责任，对于被监护人给他人造成损害的，监护人应当承担责任。

民法典侵权责任编有关监护人责任的规定，沿袭了侵权责任法第 32 条的规定。

本条第 1 款主要规定责任能力和监护人承担监护责任的问题。监护责任是无过错责任还是过错责任，一直以来都有争议。本条第 1 款规定，无民事行为能力人和限制民事行为能力人造成他人损害的，由监护人承担民事责任，是由监护人的职责所决定的。由于大多数监护人与被监护人有血缘等密切关系，监护人有责任通过教育、管理等方式来减少或者避免被监护人侵权行为的发生。无民事行为能力或者限制民事行为能力人造成他人损害的，应当由监护人承担侵权责任。

依照本条第 2 款的规定，在具体承担赔偿责任时，如果被监护人有财产的，比如，未成年人接受了亲友赠与的财产或者拥有其他价值较大的财产等，那么应当首先从被监护人的财产中支付赔偿费用，不足的部分再由监护人承担赔偿责任。虽然从我国的情况来看，无民事行为能力人或者限制民事行为能力人有自己独立财产的情况不多，但是随着经济和社会的多元化发展，无民事行为能力人或者限制民事行为能力人通过创作、接受赠与或者继承等方式取得独立财产的情况将会越来越多，因此，以自己的财产对自己造成他人的损害承担赔偿责任，也是公平的。在侵权责任法立法和民法典编纂过程中，一直有意见质疑本款的合理性。本款的一个重要意义，在于解决父母等亲属之外的人员或者单位承担监护人的情况下，被监护人造成他人损害的，如果要求监护人承担责任，那么实践中很多个人或者单位可能不愿意担任监护人，这对被监护人的成长、生活会造成负面影响。为了打消这种顾虑，考虑到父母等亲属之外的人员或者单位承担监护人的情况下，可能会给被监护人留有独立财产。在这种情况下，先从被监护人的财产中支付赔偿费用更有制度安排上的意义。当然，从被监护人的财产中支付赔偿费用的，应当保留被监护人基本的生活费用，保障其正常的生活和学习不受影响。被监护人的财产不足以支付赔偿费用的，其余部分由监护人承担。

第一千一百八十九条　无民事行为能力人、限制民事行为能力人造成他人损害，监护人将监护职责委托给他人的，监护人应当承担侵权责任；受托人有过错的，承担相应的责任。

❖ 条文主旨 ❖

本条是关于委托监护时监护人的责任的规定。

❖ 条文解读 ❖

侵权责任法并未规定监护人将监护职责委托给他人时，无民事行为能力人、限制民事行为能力人造成他人损害的，如何承担责任的问题。《最高人民法院关于贯彻执行〈中华人民共和国民法通则〉若干问题的意见（试行）》（已失效）第 22 条规定，监护人可以将监护职责部分或者全部委托给他人。因被监护人的侵权行为需要承担民事责任的，应当由监护人承担，但另有约定的除外；被委托人确有过错的，负连带责任。这一规定确定了委托监护中监护人承担无过错责任、受托人在有过错时承担连带责任的规则，司法实践中一直沿用，较好地保护了被侵权人的利益，有利于督促监护人履行监护职责。但该司法解释的规定存在两个问题，一是“另有约定的除外”为监护人规避监护人责任提供了借口，不利于监护人责任的承担，且“约定”具有对内性，不能对抗被侵权人的损害赔偿请求。二是监护人是承担监护职责的第一责任人，享有履行监护职责产生的权利。实践中，委托监护大量存在于亲朋好友之间，且基本是无偿的。承担义务时要求其“确有过错的，负连带责任”，过分强调了对被侵权人的保护而没有平衡委托人与受托人的利益，使监护的权利与义务失衡。

因此，民法典侵权责任编在吸收司法解释规定和有关意见的基础上，在本条对委托监护情形下责任承担进行了明确，以突出权利与义务的一致性。2019 年 12 月的民法典草案本条曾规定，“监护人将监护职责委托给他人的，由监护人承担侵权责任；受托人有过错的，承担相应的责任”。对此，有的意见提出，本条在语言逻辑上有瑕疵，既然“由监护人承担侵权责任”了，受托人有过错的情况下，为何“承担相应的责任”？经研究，将民法典草案该条中“由监护人承担侵权责任”修改为“监护人应当承担侵权责任”，表明有可能由监护人承担，也有可能由其他人承担，这样与后面一句“受托人有过错的，承担相应的责任”在逻辑上更加清楚，避免误解和语言逻辑问题。

委托监护，是指监护人委托他人代行监护的职责，是一种双方的民事法律行为，是被监护人的监护人与受托人之间关于受托人为委托人履行监护职责、处理监护事务的协议，须有监护人委托与受委托人接受委托的意思表示一致才能成立。因此，很多学者将委托监护认定为一种合同关系。

委托监护当事人之间的委托协议一旦成立，受托人即负有依约定为委托人履行监护职责的义务；委托人负有依其约定支付必要费用的义务，如果合同中约定了支付报酬的内容，则还应当向受托人支付办理受托事务的报酬。委托人和受托人任何一方违反义务，都应当向对方负违约责任。但实践中，我国委托监护一般发生在亲朋好友之间，所以这种合同往往是口头的，也基本上是无偿的。

在委托监护中，委托人可以将部分监护职责委托给受托人行使，也可以将全部监护职责委托给受托人行使。受托人可以和应当行使何种职责，应完全由当事人之间委托监护的协议确定。

需要特别说明的是，委托监护不同于意定监护。意定监护是在监护领域对自愿原则的贯彻落实，是具有完全民事行为能力的成年人对自己将来的监护事务，按照自己的意愿事先所作的安排。本法第 33 条规定了这一制度：具有完全民事行为能力的成年人，可以与其近亲属、其他愿意担任监护人的个人或者组织事先协商，以书面形式确定自己的监护人，在自己丧失或者部分丧失民事行为能力时，由该监护人履行监护职责。由此可以看出两者主要有以下不同点：

第一，委托监护是监护人与非监护人之间确定非监护人代行监护职责的协议，而意定监护是法定监护人之间确定监护人的协议。

第二，委托监护中，尽管委托人可以将监护职责全部委托给受托人，但即使在此情况下，受托人也不是监护人。也就是说，监护人不能依照委托监护的协议将监护人的资格转让给他人，他人也不能通过委托监护的协议来取得监护资格。因此，在委托监护中即使监护职责全部由受托人行使，监护人的监护资格也不丧失。在意定监护中，依当事人之间的协议所确定的监护人对被监护人负监护人责任，其就是被监护人的监护人。

第三，委托监护适用于无民事行为能力人、限制民事行为能力人的未成年人或者成年人。意定监护只适用于具有完全民事行为能力的成年人。

根据本条规定，无民事行为能力人、限制民事行为能力人造成他人损害，监护人将监护职责委托给他人的，监护人应当承担侵权责任。这意味着，实行监护人责任首负原则。除了监护人外，如果受托人有过错的，也要承担相应的责任。具体承担责任的范围，由司法机关根据结合具体案件情况依法裁量。

第一千一百九十条　完全民事行为能力人对自己的行为暂时没有意识或者失去控制造成他人损害有过错的，应当承担侵权责任；没有过错的，根据行为人的经济状况对受害人适当补偿。

完全民事行为能力人因醉酒、滥用麻醉药品或者精神药品对自己的行为暂时没有意识或者失去控制造成他人损害的，应当承担侵权责任。

❖ 条文主旨 ❖

本条是关于完全民事行为能力人暂时丧失意识后侵权责任的规定。

❖ 条文解读 ❖

在过错责任中，过错是行为人承担侵权责任的要件，过错的前提是行为人有意识能力。民法典侵权责任编继承了侵权责任法第 33 条的规定。

理解本条需要把握以下三点：

1. 完全民事行为能力人对于自己丧失意识存在过错。如果是因为自己的过错，丧失了意识后造成了他人的损害，那么行为人应当根据其过错承担赔偿责任。比如，某人患有心脏病，须每天按时服药，医生禁止其骑自行车外出，但是，该人未按医嘱服药，并骑车外出，结果途中心脏病发作，丧失意识后摔倒并撞伤一行人。那么，在这种情况下，由于该人对于失去意识存在过错，所以应当根据其过错的程度来承担侵权责任。本条第1款中的过错，是指“过错”导致其丧失意识，因为失去意识之后确实没有过错可言。完全民事行为能力人是由于其过错导致意识丧失，那么对于丧失意识后的行为造成他人损害的，则要承担相应的侵权责任。

2. 完全民事行为能力人对于自己的行为暂时没有意识或者失去控制没有过错。如果行为人暂时没有意识或者失去控制不是由于自己的过错造成，而是由于其他原因导致发生，在这种情况下，行为人可以不承担侵权责任，不过需要根据公平分担的规定，适当分担被侵权人的损失。需要说明的是，这里对受害人是“补偿”而不是“赔偿”。因为赔偿原则上采取“填平”的原则，受害人损失多少赔多少，而补偿通常行为人没有过错，是根据行为人的经济能力，适当弥补受害人的损失。本条第1款的规定是本法第1186条公平分担损失在具体制度中的体现。

3. 完全民事行为能力人因醉酒、滥用麻醉药品或者精神药品导致自己暂时没有意识或者失去控制造成他人损害的。根据我国刑法的规定，醉酒的人应当承担刑事责任。治安管理处罚法规定，醉酒的人违反治安管理的，应当给予处罚。醉酒的人在醉酒状态中，对本人有危险或者对他人的人身、财产或者公共安全有威胁的，应当对其采取保护性措施约束至酒醒。麻醉药品是具有一定依赖性潜力的药品，连续使用、滥用或者不合理使用，易产生身体依赖性和精神依赖性，能成瘾癖。精神药品是直接作用于中枢神经系统，使之极度兴奋或抑制的药品。我国对于精神药品一直实行严格管理并严禁滥用，但为了治疗有关的病人，医院和药房也要保证精神药品正常销售。目前，一些侵权行为都是发生在行为人醉酒、滥用麻醉药品或者精神药品后。特别是在交通事故中，虽然道路交通安全法规定，饮酒、服用国家管制的精神药品或者麻醉药品，不得驾驶机动车，但是，全国每年发生的交通事故中不少都是因为驾驶员酒驾、醉驾所致。作为完全民事行为能力人，应当预见到醉酒或者滥用麻醉药品或者精神药品后会难以控制自己的行为，可能会危害公共安全和他人的生命健康，但行为人放任结果的发生，仍然驾车或者采取其他方式造成他人人身权和财产权的损害。虽然侵权行为发生时，行为人已经丧失意识，似乎没有“过错”可言，但是，其行为本身具有违法性，应当对此发生的侵权行为承担责任。本条第 2 款规定“醉酒、滥用麻醉药品或者精神药品对自己的行为暂时没有意识或者失去控制造成他人损害的”，其实也属于第 1 款“有过错”的一种情形。为了强调醉酒、滥用麻醉药品或者精神药品的行为和一般的过错相比，具有违法性，且危害性较大，第 2 款对醉酒、滥用麻醉药品或者精神药品导致自己暂时没有意识或者失去控制造成他人损害的责任专门作出了规定。

第一千一百九十一条　用人单位的工作人员因执行工作任务造成他人损害的，由用人单位承担侵权责任。用人单位承担侵权责任后，可以向有故意或者重大过失的工作人员追偿。

劳务派遣期间，被派遣的工作人员因执行工作任务造成他人损害的，由接受劳务派遣的用工单位承担侵权责任；劳务派遣单位有过错的，承担相应的责任。

❖ 条文主旨 ❖

本条是关于用人单位责任、劳务派遣单位和劳务用工单位责任的规定。

❖ 条文解读 ❖

用人单位的工作人员因工作造成他人损害的，由用人单位对外承担侵权责任，这种责任在理论上被称为替代责任，即由他人对行为人的行为承担责任。由于工作人员是为用人单位工作，用人单位可以从工作人员的工作中获取一定的利益，因此，工作人员因工作所产生的风险，需要用人单位承担。用人单位与工作人员相比，一般经济能力较强，让用人单位承担责任，有利于更好地保护被侵权人的合法权益，也有利于用人单位在选任工作人员时能尽到相当的谨慎和注意义务，加强对工作人员的监督和管理。

侵权责任法第 34 条对用人单位责任作了规定。需要特别说明的是，是否规定用人单位的追偿权，在侵权责任法立法过程中就有很大争议，最终侵权责任法没有规定。当时研究认为，在侵权责任法中规定追偿权是一把“双刃剑”。虽然侵权责任法对追偿权没有作出规定，但是不影响用人单位依照法律规定，或者根据双方的约定来行使追偿权。在民法典侵权责任编编纂过程中，又有不少意见提出，建议在侵权责任法规定的基础上，增加规定用人单位的追偿权。因为根据诚实信用的原则，劳动者对用人单位负有忠实和勤勉的义务，当劳动者未尽到基本的注意义务造成用人单位损害的，应当承担适当的责任。但追偿比例应根据过错程度等因素综合考虑，而不应由劳动者承担所有的损害后果。建议以重大过失作为责任承担与否的分界线，合理地强化了工作人员的注意义务，也会促进工作人员在工作时的认真负责态度，从而有利于减少工作人员在工作中造成损失发生的情形，也有利于在用人单位与工作人员之间公平分配责任。我们经过考虑，采纳了这一意见。本条在继承侵权责任法的基础上，在第 1 款增加了用人单位追偿权的规定。

我国对用人单位责任采取的是无过错责任，只要工作人员实施侵权行为造成他人的损害，用人单位就要首先承担赔偿责任。用人单位不能通过证明自己在选任或者监督方面尽到了相应的义务来免除自己的责任。当然，用人单位承担侵权责任后，可以向有故意或者重大过失的工作人员追偿。

一、对第 1 款的理解和适用

本条中的“用人单位”，包括企业、事业单位、国家机关、社会团体等，也包括个体经济组织等。“工作人员”既包括用人单位的正式员工，也应当包括临时在单位工作的员工。

用人单位承担侵权责任的前提是工作人员的行为与“执行工作任务”有关。工作人员应当按照用人单位的授权或者指示进行工作。与工作无关的行为，即使发生在工作时间内，用人单位也不承担侵权责任，该责任由工作人员自己承担。比如，一职工在上班时间因私事将一朋友打伤，受害人就应当直接找该职工要求赔偿。为了更准确地界定工作人员的行为与职务之间的关系，本条明确用人单位承担侵权责任的前提是工作人员“因执行工作任务”造成他人损害。

需要指出的是，国家机关以及工作人员因工作造成他人损害的，一类属于履行公职权的行为；另一类不属于履行公职权的行为，是为了维持国家机关正常运转所进行的民事行为。对于第一类属于履行公职权的行为，依据国家赔偿法的规定，有的需要国家机关承担国家赔偿责任。对于第二类国家机关在民事活动中侵害他人合法权益的，国家机关需要承担民事侵权责任。比如，国家机关的司机外出办理公务，发生了交通事故，应当由国家机关承担侵权责任。本法调整国家机关及工作人员在民事活动中发生的侵权行为，对于属于国家赔偿法调整范围的，适用国家赔偿法的规定。

二、对第 2 款的理解和适用

劳务派遣，是指劳务派遣机构与员工签订劳务派遣合同后，将工作人员派遣到用工单位工作。劳务派遣的主要特点就是员工的雇用和使用分离。劳动派遣机构不是职业介绍机构，是与劳动者签订劳动合同的一方当事人。派遣的员工到用工单位工作，但不与用工单位签订劳动合同，产生劳动关系。劳务派遣从制度上切断了员工与用工单位的依附关系，减少了用工单位的人力资源管理成本，为用工单位搭建了“集天下优才为我用”的平台，有利于用工单位提高劳动生产率。这种新的用人方式在一定程度上也有利于解决就业问题。

劳务派遣的用人形式不同于一般的用人单位，劳务派遣单位虽然与被派遣的员工签订了劳动合同，但不对被派遣员工进行使用和具体的管理。在劳务派遣期间，被派遣的工作人员是为接受劳务派遣的用工单位工作，接受用工单位的指示和管理，同时由用工单位为被派遣的工作人员提供相应的劳动条件和劳动保护，所以，被派遣的工作人员因工作造成他人损害的，其责任应当由用工单位承担。劳务派遣单位在派遣工作人员方面存在过错，应当承担相应的责任。例如，某商场要求派来的员工具有电工操作证和高级电工资质，以负责检测和维修商场的照明设备，但劳务派遣单位派来的员工不仅没有合格的资质，也没有任何的实践经验，结果该员工在工作时发生了火灾，造成店内租户的商品受损。在这种情况下，虽然用工单位作为直接使用员工的单位，需要赔偿租户的损失，但是劳务派遣单位在选派员工方面有一定的过错，也应当承担相应的责任。

侵权责任法第 34 条第 2 款规定，劳务派遣单位承担的是“相应的补充责任”，即首先由用工单位承担赔偿责任，用工单位不能全部赔偿的，才由劳务派遣单位赔偿。在民法典侵权责任编编纂过程中，有的提出，劳务派遣单位的责任类型大致有三种情形：一是用工单位是第一顺位的责任人，劳务派遣单位是第二顺位的责任人，在用工单位承担了全部赔偿责任的情况下，劳务派遣单位对被侵权人就不再承担赔偿责任。二是在用工单位财力不足，无法全部赔偿的情况下，剩余的部分由劳务派遣单位来承担。三是劳务派遣单位存在过错，劳务派遣单位应当按照过错程度直接承担侵权责任。侵权责任法第 34 条第 2 款“相应的补充责任”的表述涵盖不了第三种情形，建议修改为“承担相应的责任”。经研究，我们采纳了这一建议。

第一千一百九十二条　个人之间形成劳务关系，提供劳务一方因劳务造成他人损害的，由接受劳务一方承担侵权责任。接受劳务一方承担侵权责任后，可以向有故意或者重大过失的提供劳务一方追偿。提供劳务一方因劳务受到损害的，根据双方各自的过错承担相应的责任。

提供劳务期间，因第三人的行为造成提供劳务一方损害的，提供劳务一方有权请求第三人承担侵权责任，也有权请求接受劳务一方给予补偿。接受劳务一方补偿后，可以向第三人追偿。

❖ 条文主旨 ❖

本条是关于个人之间因提供劳务造成他人损害和自己损害的责任的规定。

❖ 条文解读 ❖

劳务关系，是指提供劳务一方为接受劳务一方提供劳务服务，由接受劳务一方按照约定支付报酬而建立的一种民事权利义务关系。劳务关系的建立可以采取书面形式，也可以采取口头或者其他形式。劳务关系不同于劳动关系，主要表现在：(1) 劳务关系由民法进行规范和调整。企业和个体经济组织与形成劳动关系的劳动者之间的劳动关系，由劳动法规范和调整。(2) 劳务关系的主体可以是两个自然人或者自然人与单位之间，但本条仅调整个人之间形成的劳务关系。劳动关系中的一方应是符合法定条件的用人单位，另一方必须是符合劳动年龄条件，且具有与履行劳动合同义务相适应的能力的自然人。(3) 劳务关系中，提供劳务一方不是接受劳务一方的职工，双方不存在隶属关系。劳动关系中的用人单位与员工之间存在隶属关系。(4) 劳务关系中，接受劳务一方可以不承担提供劳务一方的社会保险。比如，国家没有规定要求居民必须为其雇用的保姆缴纳社会保险。劳动关系中的用人单位必须按照相关规定为职工购买社会保险。(5) 劳务关系中，接受劳务的一方有权中断劳务关系，但用人单位没有对职工处分等权利。劳动关系中，用人单位对职员违反用人单位劳动纪律和规章制度等行为，有权依法进行处理。(6) 劳务关系中，报酬完全由双方当事人协商确定。劳动关系中，用人单位对职工有工资、奖金等方面的分配权利。用人单位向员工支付的工资应遵循按劳分配、同工同酬的原则，并遵守当地有关最低工资标准的规定。当然，如何界定个人之间形成的劳务关系，还需要根据具体情况来判断。如果是公司安排的上门服务，例如，某人购买了空调或者家具后，厂家派工人上门安装，那么在安装期间工人不慎将工具掉到楼下砸到一行人，那么系工人因工作造成他人伤害的情形，应当由工人所在的工厂依照本法的规定赔偿被侵权人的损失。

本条中“接受劳务一方”仅指自然人，个体工商户、合伙的雇员因工作发生的纠纷，按照本法用人单位的规定处理。

接受劳务一方对提供劳务一方造成他人损害承担赔偿责任的，前提是提供劳务一方的行为是因劳务产生；如果提供劳务一方的行为纯属个人的行为，与劳务无关，那么接受劳务一方无须承担责任。例如，某人家里雇的保姆周末休息外出游玩，骑车不慎将一路人撞伤，其行为与劳务无关，保姆应当自己承担赔偿责任。

一、对本条第1款的理解和适用

侵权责任法对接受劳务一方承担责任后，能否向提供劳务一方追偿的问题没有作出规定。在民法典侵权责任编编纂过程中，有的建议增加规定此种情形下的追偿权。我们研究认为，个人之间形成的劳务关系，双方经济能力都较为有限，接受劳务一方对外承担责任后，原则上是可以向有过错的提供劳务一方追偿的，比如，王某请小时工来家里擦玻璃，告知小时工干活前要将花盆从窗台挪开，但小时工未听王某的指示，未挪开花盆，结果干活时不小心将花盆摔到楼下，将停放在楼下的一汽车挡风玻璃砸裂，那么，王某应当赔偿车主的损失，不过承担赔偿责任后可以向小时工追偿。因此，本条第1款在侵权责任法的基础上，增加了接受劳务一方承担侵权责任后的追偿权，但仅限于可以向有故意或者重大过失的提供劳务的一方追偿。

本条除了明确提供劳务过程中，造成他人损害的责任外，还规定了提供劳务一方因劳务受到损害时双方责任的承担。根据本条规定，提供劳务一方因劳务受到损害的，根据双方各自的过错承担相应的责任。这一规定和工作人员在用人单位受到损害的规定有所不同。《工伤保险条例》规定，中华人民共和国境内的企业、事业单位、社会团体、民办非企业单位、基金会、律师事务所、会计师事务所等组织和有雇工的个体工商户应当依照本条例规定参加工伤保险，为本单位全部职工或者雇工缴纳工伤保险费。从现有的规定来看，工作人员在工作过程中受到工伤损害的，用人单位原则上承担无过错责任。只要工作人员是因工作遭受事故伤害或者患职业病的，职工就可以依照相关规定获得医疗救治和经济补偿。由于本条中“个人之间形成劳务关系”的，不属于依法应当参加工伤保险统筹的情形，提供劳务一方受到损害后，不能适用《工伤保险条例》。个人之间劳务关系的损害，跟雇主情形下损害不一样，个人之间劳务，提供劳动的一方有较大的自主权，不像雇主对雇员的控制力那么强。造成损害的，接受劳务的一方承担无过错责任太重。所以提供劳务一方因劳务受到损害的，不宜采取无过错责任的原则，要求接受劳务的一方无条件地承担赔偿责任。实践中因劳务受到损害的情况比较复杂，应当区分情况，根据双方的过错来处理比较合理。例如，张某家雇的保姆不听张某的劝阻，执意要站在椅子上打扫卫生，结果不小心将腿扭伤，那么，雇用保姆的张某可以从人道主义的角度，带保姆看病，适当承担一定的责任，但是张某承担无过错责任，则责任过重，有失公允。所以，本法规定双方根据各自的过错承担责任，比较公平，也符合现实的做法。

二、对本条第 2 款的理解和适用

侵权责任法没有规定在个人之间形成的劳务关系中，因第三人的行为造成提供劳务一方损害的责任承担。在民法典侵权责任编编纂过程中，有的意见建议补充规定这一情形。我们研究认为，根据本法第 1175 条的规定，损害是因第三人造成的，第三人应当承担侵权责任。在个人之间形成的劳务关系中，因第三人的行为造成提供劳务一方损害的责任承担，第三人应当承担侵权责任，这一点没有疑问；关键是提供劳务一方是在为接受劳务一方工作过程中受伤的，能否请求接受劳务一方承担责任。有的意见提出，提供劳务一方受损害时，应有权请求接受劳务一方承担侵权责任，但是，只能在第三人或者接受劳务一方中择一行使请求权，第三人与接受劳务一方承担不真正连带责任。民法典各分编草案一审稿采纳了这一建议，增加一款，规定因第三人的行为造成提供劳务一方损害的，提供劳务一方有权请求第三人承担侵权责任，也有权请求接受劳务一方承担侵权责任。接受劳务一方承担侵权责任后，可以向第三人追偿。2020 年 5 月民法典草案提请十三届全国人大三次会议审议过程中，有的意见提出，个人之间形成劳务关系一般不购买相应的工伤保险，这与本法第 1191 条规定的用人单位责任有较大不同。因此，要求接受劳务一方承担不真正连带责任，责任分配过重。经研究，我们采纳了这一意见，将上述方案修改为“提供劳务一方有权请求第三人承担侵权责任，也有权请求接受劳务一方给予补偿。接受劳务一方补偿后，可以向第三人追偿”。

第一千一百九十三条　承揽人在完成工作过程中造成第三人损害或者自己损害的，定作人不承担侵权责任。但是，定作人对定作、指示或者选任有过错的，应当承担相应的责任。

❖ 条文主旨 ❖

本条是关于承揽关系中的侵权责任的规定。

❖ 条文解读 ❖

本法规定的承揽合同是承揽人按照定作人的要求完成工

作，交付工作成果，定作人给付报酬的合同。承揽包括加工、定作、修理、复制、测试、检验等工作。在履行承揽合同的过程中，承揽人对第三人造成损害或者自身遭受损害的侵权责任如何承担，我国法律没有规定。2003 年《最高人民法院关于审理人身损害赔偿案件适用若干法律问题的解释》第 10 条规定，承揽人在完成工作过程中对第三人造成损害或者造成自身损害的，定作人不承担赔偿责任。但定作人对定作、指示或者选任有过失的，应当承担相应的赔偿责任。这一解释明确了承揽人对第三人造成损害或者自身遭受损害的侵权责任的承担规则。

考虑到在大多数情况下，承揽人主要依靠自己的技术和专业技能独立完成承揽工作，不受定作人的支配，承揽人对第三人造成损害或者造成自身损害时，不应要求定作人承担侵权责任。但是，定作人对定作、指示或者选任存在过错的，需要承担相应的过错责任，这是指定作人的指示过失责任。

需要指出的是，本法第 1192 条个人之间形成劳务关系，提供劳务一方因提供劳务造成他人损害责任的规定，不适用本条因承揽关系产生的纠纷。承揽合同与劳务合同的区别在于：承揽合同的劳动者所交付的标的是劳动成果，而劳务合同的劳动者交付的标的是劳动，定作人与承揽人之间不存在劳务关系。

第一千一百九十四条　网络用户、网络服务提供者利用网络侵害他人民事权益的，应当承担侵权责任。法律另有规定的，依照其规定。

❖ 条文主旨 ❖

本条是关于网络侵权的一般规定。

❖ 条文解读 ❖

2009 年通过的侵权责任法第一次在我国民法中规定网络侵权制度，施行多年来，对解决网络民事侵权问题提供了有效方案，发挥了重要作用。但随着互联网的快速发展，网络侵权行为越来越复杂，民法典侵权责任编起草过程中，不少意见建议进一步完善、充实网络侵权责任制度，细化相关规定。为了更好地保护权利人的利益，同时平衡网络用户和网络服务提供者之间的利益，侵权责任编在侵权责任法规定的基础上，细化了网络侵权责任的具体规则：一是修改完善了网络侵权的通知规则，规定“通知应当包括构成侵权的初步证据及权利人的真实身份信息”，以减少或者避免恶意通知损害网络用户正当利益的情况。增加反通知程序，规定“网络用户接到转送的通知后，可以向网络服务提供者提交不存在侵权行为的声明”。对权利人行使权利作出时间要求，规定“网络服务提供者在转送声明到达权利人后的合理期限内，未收到权利人已经投诉或者提起诉讼通知的，应当及时终止所采取的措施”，以平衡权利人、网络用户、网络服务提供者之间的权利义务关系。二是现实中滥用“通知—取下”制度进行不正当竞争的情形时有发生，不仅给网络用户造成损害，也造成网络服务提供者的流量损失和广告收入损失。对网络服务提供者的合法权益也应当加以保护，增加规定“权利人因错误通知造成网络用户或者网络服务提供者损害的，应当承担侵权责任。法律另有规定的，依照其规定”。三是将侵权责任法第 36 条中的“知道”修改为“知道或者应当知道”，以指导人民法院更好地适用法律，力求法院公正裁判和保护当事人合法权益。

本条是关于网络侵权的一般规定，互联网技术的发展和应用已经深入社会生活各个方面，一部手机具有交友、购物、支付等多种功能，网络侵权行为有增无减，日益成为社会突出问题，有必要继续维持一般性规定，突出显示网络并非法外之地；增加“法律另有规定的，依照其规定”，是为了与著作权法、专利法、商标法、电子商务法等法律的衔接，根据侵害客体的不同，适用不同的法律规定和归责原则。

一、网络用户利用网络侵害他人民事权益

网络用户利用网络侵害他人民事权益，大体可以分为以下几种类型：

一是侵害人格权。主要表现为：（1）盗用或者假冒他人姓名，侵害姓名权；（2）未经许可使用他人肖像，侵害肖像权；（3）发表攻击、诽谤他人的文章，侵害名誉权；（4）非法侵入他人电脑、非法截取他人传输的信息、擅自披露他人个人信息、大量发送垃圾邮件，侵害隐私权和个人信息受保护的权利。

二是侵害财产利益。基于网络活动的便捷性，通过网络侵害财产利益的情形较为常见，如窃取他人网络银行账户中的资金，而最典型的是侵害网络虚拟财产，如窃取他人网络游戏装备、虚拟货币等。

三是侵害知识产权。主要表现为侵犯他人著作权、商标权和专利权等知识产权：（1）侵犯著作权。如擅自将他人作品进行数字化传输，规避技术措施，侵犯数据库等。（2）侵犯商标权。如恶意抢注与他人商标相同或相类似的域名，在电商平台上销售假冒他人商标或者使用足以使消费者混淆的商标的商品等。（3）侵犯专利权。如未经专利人授权，在网站上销售专利产品。

二、网络服务提供者利用网络侵害他人民事权益

网络服务提供者是一个概括性表述，既包括提供接入、缓存、信息存储空间、搜索以及链接等服务类型的技术服务提供者，也包括主动向网络用户提供内容的内容服务提供者，还包括在电子商务中为交易双方或者多方提供网络经营场所、交易撮合、信息发布等服务，供交易双方或者多方独立开展交易活动的电子商务平台经营者。

不同类型的网络服务提供者通过网络实施侵权行为的表现也不一样。根据“技术中立”原则，技术服务提供者一般无须对他人通过网络侵犯他人民事权益的行为承担责任，如中国移动、中国电信、中国联通等电信服务运营商无须对经由其网络传输的信息承担责任，百度等搜索引擎提供者无须对搜索结果负责，但若其行为高度介入传输行为、编排搜索结果等，则须对其行为承担责任。此外，破坏他人技术保护措施、利用技术手段攻击他人网络、窃取他人个人信息的，也要承担侵权责任。内容服务提供者应当对所上传内容的真实性与合法性负责，如果提供了侵权信息，如捏造虚假事实诽谤他人、发布侵犯著作权的影视作品等，应当承担侵权责任。

第一千一百九十五条　网络用户利用网络服务实施侵权行为的，权利人有权通知网络服务提供者采取删除、屏蔽、断开链接等必要措施。通知应当包括构成侵权的初步证据及权利人的真实身份信息。

网络服务提供者接到通知后，应当及时将该通知转送相关网络用户，并根据构成侵权的初步证据和服务类型采取必要措施；未及时采取必要措施的，对损害的扩大部分与该网络用户承担连带责任。

权利人因错误通知造成网络用户或者网络服务提供者损害的，应当承担侵权责任。法律另有规定的，依照其规定。

❖ 条文主旨 ❖

本条是关于“通知—取下”制度的规定。

❖ 条文解读 ❖

“通知—取下”制度首先规定在美国《千禧年数字版权法》（以下简称 DMCA）中，被侵权人在获知侵权事实后，可以向提供信息存储空间和信息定位服务的网络服务提供者发出符合 DMCA 规定的侵权通知，网络服务提供者在接到侵权通知后，应当迅速移除或屏蔽对侵权信息的访问。《最高人民法院关于审理涉及计算机网络著作权纠纷案件适用法律若干问题的解释》（现已失效）首次引入“通知—取下”程序。国务院 2006 年出台的《信息网络传播权保护条例》对在著作权领域适用这一程序作出了详细规定。2009 年侵权责任法第一次在民法领域确立这一制度。2018 年电子商务法则在电子商务平台经营者侵权责任领域中适用这一制度。

一、通知的要件

根据本条规定，通知应当包括构成侵权的初步证据及权利人的真实身份信息。实践中，大多数网络服务提供者都非常重视通知书的形式和内容，很多网站提供了格式化的通知模板、专门的投诉途径，极大地简化了通知流程，提高了处理效率。一般而言，一份合格的权利通知应当包括两方面内容：

首先是权利人的真实身份信息，包括但不限于权利人的姓名、名称、住址、联系方式、电话、电子邮箱等，没有真实身份信息和有效联系方式，网络服务提供者无法与其取得联系，也无法发送网络用户声明不存在侵权行为的通知。

其次是构成侵权的初步证据，通知是权利人主张权利的重要依据，应当附有证明其权利的证据或者相关信息涉嫌侵权的初步证据，如著作权登记证书、专利证书、商标权证书、明显超出正常言论自由范围的诽谤、攻击等言辞。另外，通知中一般还应当附有涉嫌侵权信息的网址链接或其他可以定位侵权商品或信息的有效方法等，曾有权利人向网络服务提供者发送书面通知，将包含上千个字符的 URL 打印出来，给网站造成不必要的负担，这显然不是正常的维权方式。

二、网络服务提供者的义务

权利人一旦发出合格通知，就触发了网络服务提供者的义务。根据本条规定，网络服务提供者接到通知后，应当及时将该通知转送相关网络用户，并根据构成侵权的初步证据和服务类型采取必要措施。

1. 及时将该通知转送相关网络用户。“通知—取下”制度不是孤立的，而是与其他制度配合而生的，权利人有权发出通知主张权利，要求网络服务提供者采取相应措施，这只是权利人的一面之词，是“自称”，无法确定相关信息是否侵犯了权利人的权利，上传相关信息的网络用户有权提出申辩。所以，网络服务提供者应当及时将该权利人发出的通知转送相关网络用户，使其知晓，要求其作出回应。

2. 根据构成侵权的初步证据和服务类型采取必要措施。根据所提供网络服务的类型不同，不同类型的网络服务提供者在接到侵权通知后所应承担的义务也应当有所区别，对此，本条没有采取“一刀切”的方法，而是由网络服务提供者根据其掌握的证据以及提供服务的类型采取必要措施，所取得的效果应当是在技术能够做到的范围内避免相关信息进一步传播。对于提供信息存储空间、搜索、链接服务的网络服务提供者，其在接到侵权通知后，应当对侵权信息采取删除、屏蔽、断开链接等必要措施。对于电子商务平台经营者，其在接到侵权通知后，应当根据电子商务法的要求，对相关商品或者服务采取删除、屏蔽、断开链接、终止交易和服务等必要措施。对于提供接入、缓存服务的网络服务提供者，其在接到侵权通知后，应当在技术可能做到的范围内采取必要措施，如果采取这些措施会使其违反普遍服务义务，在技术和经济上增加不合理的负担，该网络服务提供者可以将侵权通知转送相应网站。

三、网络服务提供者的责任

根据本条规定，未及时采取必要措施的，对损害的扩大部分与该网络用户承担连带责任。

这一规定的核心在于如何认定"及时"。实践中，以淘宝、京东、百度、新浪等为代表的网络服务提供者每天收到大量的侵权通知，需要耗费大量人力、物力对这些通知进行整理、甄别和审查，这就涉及对"及时"的理解，2020 年《最高人民法院关于审理侵害信息网络传播权民事纠纷案件适用法律若干问题的规定》要求权利人提交通知的形式，通知的准确程度，采取措施的难易程度，网络服务的性质，所涉作品、表演、录音录像制品的类型、知名度、数量等因素综合判断。2020 年《最高人民法院关于审理利用信息网络侵害人身权益民事纠纷案件适用法律若干问题的规定》要求，根据网络服务的类型和性质、有效通知的形式和准确程度、网络信息侵害权益的类型和程度等因素综合判断。以著作权为例，实践中，有的法院认为应当考虑作品的知名度和传播范围。例如，热门的电视剧或者电影，很短的侵权时间就可能给权利人造成巨大损失，对于热门作品，其合理删除期限应当较短，对于非热门作品，期限可以适当放宽。

四、权利人错误通知的法律后果

"通知—取下"制度在我国实施以来，对于维护权利人合法权益，打击网络侵权违法行为，净化网络空间，起到重要作用，但是权利人错误通知甚至恶意通知的事件也时常出现，甚至有人将这一制度作为打击竞争对手的重要手段，有人借用特殊销售节点，以投诉方式达到下架竞争对手的商品的方式，使其短期内丧失经营资格。2016 年仅阿里巴巴知识产权投诉平台上就共发现疑似恶意投诉方账号 5862 个，因其恶意投诉行为造成的卖家资损约 1.07 亿元。

为此，本条在侵权责任法第 36 条基础上，特别增加这一规定，警示权利人不得滥用“通知—取下”制度，促使权利人维权行为更为理性，因错误通知造成网络用户、网络服务提供者损失的，权利人应当承担侵权责任。增加“法律另有规定的，依照其规定”这一衔接性表述，主要是考虑到本条为一般规定，根据被侵害的权利类型的不同，其他法律可能作出细化或者特别规定。

第一千一百九十六条　网络用户接到转送的通知后，可以向网络服务提供者提交不存在侵权行为的声明。声明应当包括不存在侵权行为的初步证据及网络用户的真实身份信息。

网络服务提供者接到声明后，应当将该声明转送发出通知的权利人，并告知其可以向有关部门投诉或者向人民法院提起诉讼。网络服务提供者在转送声明到达权利人后的合理期限内，未收到权利人已经投诉或者提起诉讼通知的，应当及时终止所采取的措施。

❖ 条文主旨 ❖

本条是关于反通知制度的规定。

❖ 条文解读 ❖

本条是此次编纂民法典新增加的条文。侵权责任法第 36

条没有规定反通知制度，在起草侵权责任编过程中，有些意见提出，反通知制度对于平衡权利人与网络用户之间的利益至关重要，权利人有权发出侵权通知，相对应地，网络用户应当有权进行申辩。反通知程序是“通知—取下”制度的重要组成部分，设置反通知制度，就是赋予网络用户以抗辩的权利。未经正当程序，仅凭自称权利人的一纸通知，就将涉嫌侵权的信息从网络上取下，是对网络用户合法权益的重大限制，若不对权利人的权利加以适当限制，将会对信息自由流动构成极大威胁。因此，为了平衡和保障网络用户的合法权益，本条增加规定了反通知制度。

一、反通知的要件

根据本条规定，网络用户提交的声明应当包括不存在侵权行为的初步证据及网络用户的真实身份信息。

1. 不存在侵权行为的初步证据。有的意见对这一要件提出不同看法，认为根据民事诉讼一般举证规则，积极的构成要件由原告提出证据，被告没有义务提出消极的构成要件，有时也难以拿出证据。这一意见有一定道理，但在大部分权利类型下，初步证据是可以提出的，如著作权、专利权、商标权等，涉嫌侵权的网络用户可以提供文章底稿、著作权登记证书、专利证书、商标权证书、原产地证明、授权法律文书等，证明其具有相应的权利；诚然，有些情形下确实难以提出，如权利人主张某篇文章侵犯了其隐私权，这既是一个事实问题，更是一个法律问题，即使在法庭上，也不是三言两语就能够判断清晰的。

2. 网络用户的真实身份信息。不少网络用户对外表现为昵称、笔名，而非其真实身份，实践中，这使得很多权利人在起诉时，无法准确确定被告，维权十分困难。网络不是法外之地，每个人都需要对自己的行为负责，在网络上也是一样。在权利人表明自己真实身份，指称其涉嫌侵权时，网络用户有义务表明其真实身份。

二、网络服务提供者的义务

1. 转送义务。根据本条规定，网络服务提供者接到声明后，应当将该声明转送发出通知的权利人，并告知其可以向有关部门投诉或者向人民法院提起诉讼。

纠纷主要发生在权利人与网络用户之间，网络服务提供者接到反通知后，立即产生转送义务，应当及时将反通知转送发出通知的权利人，让权利人及时知道网络用户提出了抗辩；同时履行告知义务，让权利人知晓应当及时向有关部门投诉或者向法院起诉，以解决纠纷。

2. 及时终止所采取的措施。根据本条规定，网络服务提供者在转送声明到达权利人后的合理期限内，未收到权利人已经投诉或者提起诉讼通知的，应当及时终止所采取的措施。

网络用户的声明到达权利人后，权利人应当作出适当反应，可以表示认可，也可以表示反对，可以明示，也可以默示。如果在合理期限内，权利人通知网络服务提供者，其已经向有关部门投诉或者向法院起诉，表明权利人以明示方式对反通知的内容表示反对，网络服务提供者应当继续维持此前采取的必要措施，直至有关部门或者法院有进一步指令；如果权利人在合理期限内没有投诉或者起诉，表明权利人默示认可反通知，网络服务提供者应当及时终止所采取的措施，恢复相关信息。这样规定，既是为了促使权利人尽快行使权利，避免相关权利纠纷长期处于不确定状态，也是为了尽量减少因错误通知给网络用户和网络服务提供者增加的负担。

需要说明的是，通知与反通知程序只是为快速应对纠纷而采取的一种程序性救济手段，网络服务提供者并非司法机关，其没有能力具体判断当事人之间的争议。即便权利人在合理期限内没有采取相应的法律行动，也不影响其实体权利，权利人仍然可以在合理期限届满后向有关部门投诉或者向法院起诉。

第一千一百九十七条　网络服务提供者知道或者应当知道网络用户利用其网络服务侵害他人民事权益，未采取必要措施的，与该网络用户承担连带责任。

❖ 条文主旨 ❖

本条是关于网络服务提供者与网络用户承担连带责任的规定。

❖ 条文解读 ❖

此次编纂民法典，将侵权责任法第 36 条中的“知道”修改为“知道或者应当知道”。

一、本条的归责原则

根据本条规定，网络服务提供者与网络用户承担连带责任的主观构成要件为“知道或者应当知道”，采用的是过错责任。

我国在互联网技术发展和运用上成功实现“弯道超车”，从 20 世纪 90 年代末起，大量涉及互联网技术和网站的案件进入法院，经过多年的司法实践，我国法院已经建立起适应我国国情的审判政策，在过错责任归责原则上也早已取得共识。

侵权责任法第 36 条中使用的是“知道”，从解释上，包括“明知”和“应知”两种主观状态，多年来，法院在审判实践中也是这样操作的。在编纂民法典过程中，有的意见建议将“知道”修改为“知道或者应当知道”，表述更清楚。经研究采纳了这个建议，这样修改内涵没有变化，但更清楚明了，也保持了不同法律之间用语的统一。

二、“知道”的含义

在新的语境下，“知道”即为“明知”。明知是一种主观状态，表明行为人的内心对侵权行为这一事实的发生具有明确而充分的认识，甚至放任或者积极追求损害后果的发生。如何证明行为人的主观状态为“明知”？一般有两种途径：一是行为人自认。行为人明确表示其主观状态为“明知”，当然可以认定，只是这种情形实践中较少出现。二是通过“通知—取下”制度来证明。这也是多数国家和地区司法机关判断网络服务提供者主观状态的核心标准，权利人发送的合格通知到达网络服务提供者时，即视为网络服务提供者知晓了存在通知中所指出的侵权事实，网络服务提供者有义务采取必要措施，未采取必要措施的，即属本条知道而未采取必要措施的情形，需要对损害扩大部分承担连带责任。

三、“应当知道”的含义

目前各国都不要求网络服务提供者承担普遍审查义务，但这并不意味着网络服务提供者可以完全躲进“避风港”。美国国会众议院在 DMCA 立法报告中提出“红旗规则”，也为我国学者广泛接受。所谓“红旗规则”，是指当侵权事实在网络空间中像红旗一样明显时，我们便可以根据侵权事实发生的具体环境推定网络服务提供者对侵权事实应当知晓，并要求其承担采取必要措施制止侵权行为的义务。这也是本条中“应当知道”的含义。

但是，“红旗规则”如何适用，“应当知道”如何判断？这是一个极具实务操作的难题，法官在具体案件中应当综合各种因素，以一个合理标准去判断，需要在促进网络行业健康发展与保护权利人合法权益之间寻找合适的平衡点，既不能失之过严，也不能操之过宽，法律难以规定一个普遍适用的标准。

在掌握判断标准时大体应当遵循以下三大原则：

第一，根据提供技术服务的网络服务提供者的类型不同，判断标准应当有所不同。相比提供其他类型技术服务的网络服务提供者，认定提供接入、缓存服务的网络服务提供者“应当知道”的标准应当更加严格。接入服务连接着网站和网络用户，所有网络信息包括侵权信息都需要通过接入服务才能得以传输，但这种传输是即时的，信息量十分庞大，该类型网络服务提供者无法一一核实，如果认定标准过于宽泛，可能会使接入服务提供者承担过重的责任，影响普遍接入服务。随着互联网技术的创新和运用不断发展，网络服务提供者提供的服务类型也在不断拓展，“应当知道”的适用标准也应当随之发展。

第二，根据保护对象的不同，判断标准也应当有所不同。对于著作权而言，只要网络服务提供者没有对网络用户上传的信息进行人工编排等，一般不应认定构成侵权行为；同时还要考虑涉案作品的知名度、影响力等因素，专业视频网站应当具备甄别当前热播影视作品的能力。对于专利权而言，专利权侵权判断技术性较强，非专业人士难以作出准确判断，当前利用“通知—取下”制度打击竞争对手的现象仍然存在，具体如何适用，还有不同意见，有待进一步探讨与完善。对于商标权而言，商标权侵权判断不似专利权那样复杂，但也并非一目了然，不应令网络服务提供者承担过高的审查义务。涉嫌诋毁他人名誉、不当使用他人肖像、违法公布他人个人信息等行为，不经法院审理，有时难以准确判断是否为侵权行为，网络服务提供者不是司法机关，不应当要求其具有专业的法律素养，更不能要求其对用户发布的信息一一核实，通常认为不应属于侵权信息即可免除责任。

第三，提供技术服务的网络服务提供者没有普遍审查义务。在审判实践中，应当谨慎认定此类网络服务提供者“应当知道”网络用户利用其网络服务实施侵权行为。如果判断标准过宽，可能会使网络服务提供者实际上承担了普遍审查的义务。事实上，由于网络具有开放性的特质，网络信息十分庞杂，要求此类网络服务提供者逐一审查，可能大量增加网络服务提供者的运营成本，阻碍网络产业的发展。但同时也要寻找促使网络服务提供者适当履行监管义务的平衡点，比如，是否通过成熟的技术手段对网站传输的特定信息进行监控，是否建立了较为完善的投诉响应机制，是否对多次侵权人建立黑名单制度等。

第一千一百九十八条　宾馆、商场、银行、车站、机场、体育场馆、娱乐场所等经营场所、公共场所的经营者、管理者或者群众性活动的组织者，未尽到安全保障义务，造成他人损害的，应当承担侵权责任。

因第三人的行为造成他人损害的，由第三人承担侵权责任；经营者、管理者或者组织者未尽到安全保障义务的，承担相应的补充责任。经营者、管理者或者组织者承担补充责任后，可以向第三人追偿。

❖ 条文主旨 ❖

本条是关于经营场所、公共场所的经营者、管理者或者群众性活动的组织者未尽到安全保障义务的侵权责任的规定。

❖ 条文解读 ❖

在2009年侵权责任法的制定过程中，对于什么是安全保障义务，哪些人负有安全保障义务，哪些人是安全保障义务的保护对象，未尽到安全保障义务应当承担什么样的侵权责任等问题，各方面有不同意见。

侵权责任法在总结司法实践经验的基础上，借鉴国外相关规定，在第 37 条对未尽到安全保障义务的侵权责任作出了明确规定。

在民法典侵权责任编编纂过程中，有的提出，侵权责任法第 37 条的规定，与此后修改的消费者权益保护法等法律的表述略有不同，建议统一。侵权责任法第 37 条第 1 款表述为“公共场所的管理人或者群众性活动的组织者”，消费者权益保护法第 18 条第 2 款规定为“宾馆、商场、餐馆、银行、机场、车站、港口、影剧院等经营场所的经营者，应当对消费者尽到安全保障义务”。按照后法优于先法、特别法优于一般法的规则，在表述上我们向消费者权益保护法靠拢。

根据本条规定，安全保障义务，是指宾馆、商场、银行、车站、机场、体育场馆、娱乐场所等经营场所、公共场所的经营者、管理者或者群众性活动的组织者，所负有的在合理限度范围内保护他人人身和财产安全的义务。理解安全保障义务，须注意以下问题：

一、安全保障义务人的范围

第一，宾馆、商场、银行、车站、机场、体育场馆、娱乐场所等经营场所、公共场所的经营者、管理者。公共场所包括以公众为对象进行商业性经营的场所，也包括对公众提供服务的场所。例如，本条列举的宾馆、商场、银行、车站、机场、体育场馆、娱乐场所等。除了本条列举的这些场所外，码头、公园、餐厅等也都属于公共场所。

第二，群众性活动的组织者。群众性活动，是指法人或者其他组织面向社会公众举办的参加人数较多的活动。例如，体育比赛活动，演唱会、音乐会等文艺演出活动，展览、展销等活动，游园、灯会、庙会、花会、焰火晚会等活动，人才招聘会、现场开奖的彩票销售等活动。

二、保护对象的范围

安全保障义务所保护的对象与安全保障义务人之间应存在某种关系，但是否要在法律中作出明确规定有不同意见。有的建议规定为“顾客或参与活动者”或者“进入公共场所或者参与活动的人”，有的建议规定为“合法进入公共场所或者参加活动的人”，有的建议不作明确规定。考虑到司法实践中的情况较为复杂，仅仅进入商场上洗手间、问路或者躲雨的人能不能界定为顾客，上错了公交车又准备下车的人是否属于保护对象，特别是对于非法进入者如到宾馆里打算偷窃的人是否给予保护等，争议很大。在法律中明确哪些人属于保护对象较为困难，因此，本法对安全保障义务的保护对象规定为“他人”，没有明确具体的范围，实践中哪些人属于保护对象应根据具体情况判断。

三、安全保障义务的内容和判断标准

安全保障义务的目的在于保护他人的人身和财产安全，其主要内容是作为，即要求义务人必须采取一定的行为来维护他人的人身或者财产免受侵害。这种义务的具体内容既可能基于法律的明确规定，也可能基于合同义务，也可能基于诚实信用原则而产生。由于安全保障义务人的范围很广，涉及多个行业、多类主体，不同义务人对不同保护对象所负有的安全保障义务是不同的，在法律中无法明确其具体内容。对于实践中需要确定义务人应当负有的具体安全保障义务的内容，进而判断安全保障义务人是否已经尽到安全保障义务的，可以参考该安全保障义务人所在行业的普遍情况、所在地区的具体条件、所组织活动的规模等各种因素，从侵权行为的性质和力度、义务人的保安能力以及发生侵权行为前后所采取的防范、制止侵权行为的状况等方面，根据实际情况综合判断。

四、未尽到安全保障义务的侵权责任

根据安全保障义务的内容不同，可以将安全保障义务分为以下两类：一是防止他人遭受义务人侵害的安全保障义务。这是指安全保障义务人负有不因自己的行为而直接使他人的人身或者财产受到侵害的义务。例如，宾馆负有不因自己提供的服务或者设施存在危险而使前来住宿的客人受伤的安全保障义务。二是防止他人遭受第三人侵害的安全保障义务。这是指安全保障义务人负有的不因自己的不作为而使他人的人身或者财产遭受自己之外的第三人侵害的义务。例如，宾馆对在本宾馆住宿的旅客负有使其人身或者财产安全免受第三人侵害的义务。两者之间的区别主要是造成损害后果的直接侵害人不同，未尽到前一类义务造成他人损害的，其直接加害人就是安全保障义务人，没有第三人的介入；未尽到后一类义务的并不必然导致他人的损害，只有当这种未尽到义务的行为与第三人的侵权行为相互结合时才导致了他人的损害。本条规定根据所未尽到的义务种类的不同，规定了安全保障义务人不同的侵权责任。

1. 安全保障义务人未尽到防止他人遭受义务人侵害的安全保障义务的，应当承担侵权责任。这是本条第 1 款规定的情形。如果损害结果的发生没有第三人的介入，安全保障义务人就应当自己承担全部侵权责任。例如，顾客到餐厅吃饭，由于餐厅的地板有油渍导致顾客摔倒受伤的，餐厅就应当承担侵权责任。

2. 安全保障义务人未尽到防止他人遭受第三人侵害的安全保障义务的，应当承担相应的补充责任。这是本条第 2 款规定的情形。实践中，存在不少第三人的侵权行为和安全保障义务人未尽到安全保障义务两个因素结合在一起而造成他人损害的情形。例如，储户到银行取钱或者存款，遭到第三人抢劫，银行的保安人员未尽到安全保障义务，没有及时注意或者制止，导致储户钱款被抢或者人身受到伤害；又如，宾馆没有完善的保安措施或者没有认真履行保安职责，导致住宿旅客被外来人员殴打等。在这种情形下，根据本条第 2 款的规定，第三人的行为是造成损害的直接原因，应当首先由第三人承担侵权责任。在上述例子中，应当先由抢劫者和打人者承担侵权责任，安全保障义务人未尽到安全保障义务也是造成损害的因素，应当承担相应的补充责任。理解这一规定，应当注意以下两点：

第一，第三人的侵权责任和安全保障义务人的补充责任有先后顺序。首先由第三人承担侵权责任，在无法找到第三人或者第三人没有能力全部承担赔偿责任时，才由安全保障义务人承担补充责任。如果第三人已经全部承担侵权责任，则安全保障义务人不再承担责任。

第二，侵权责任法并未规定经营者、管理者或者组织者承担补充责任后，是否可以向第三人追偿的问题，主要是考虑本条中负有安全保障义务的主体承担补充责任是因为其本身有过错，有过错一方承担补偿责任不应有追偿权。在民法典侵权责任编编纂过程中，不少建议增加追偿权的规定。我们研究认为，增加追偿权的规定，一是符合不真正连带责任的法理，二是有利于避免司法中的争议，为实践中出现的具体案例提供法律依据。因此，本条增加规定，经营者、管理者或者组织者承担补充责任后，可以向第三人追偿。

❖ 案例分析 ❖

红山村景区为国家“AAA 级”旅游景区，不设门票。红山村委会系景区内河道旁杨梅树的所有人，其未向村民或游客开展免费采摘杨梅的活动。2017 年 5 月 19 日下午，吴某私自上树采摘杨梅后，不慎从树上跌落受伤，送医后因抢救无效于当天死亡。

红山村曾于2014年1月26日召开会议表决通过《红山村村规民约》，该村规民约第2条规定：每位村民要自觉维护村集体的各项财产利益，每个村民要督促自己的子女自觉维护村内的各项公共设施和绿化树木，如有村民故意破坏或损坏公共设施，要负责赔偿一切费用。

吴某的子女向法院起诉，主张村委会未尽到安全保障义务，在本案事故发生后，被告未采取及时和必要的救助措施，应对吴某的死亡承担责任。请求判令被告承担70%的人身损害赔偿责任631346.31元。

法院经审理认为，本案的争议焦点是村委会是否应对吴某的损害后果承担赔偿责任。首先，村委会没有违反安全保障义务。作为红山村景区的管理人，虽负有保障游客免遭损害的安全保障义务，但安全保障义务内容的确定应限于景区管理人的管理和控制能力的合理范围之内。红山村景区属于开放式景区，未向村民或游客提供采摘杨梅的活动，杨梅树本身并无安全隐患，若要求红山村村民委员会对景区内的所有树木加以围蔽、设置警示标志或采取其他防护措施，显然超过善良管理人的注意标准。从爱护公物、文明出行的角度而言，村民或游客均不应私自爬树采摘杨梅。吴某作为完全民事行为能力人，应当充分预见攀爬杨梅树采摘杨梅的危险性，并自觉规避此类危险行为。其次，吴某的坠亡系其私自爬树采摘杨梅所致，与村委会不具有法律上的因果关系。《红山村村规民约》规定：村民要自觉维护村集体的各项财产利益，包括公共设施和绿化树木等。该村规民约是红山村村民的行为准则和道德规范，形成红山村的公序良俗。吴某作为红山村村民，私自爬树采摘杨梅，违反了村规民约和公序良俗，导致了损害后果的发生。最后，村委会对吴某私自爬树坠亡的后果不存在过错。吴某坠亡系其自身过失行为所致，村委会难以预见和防止吴某私自爬树可能产生的后果。吴某跌落受伤后，村委会及时将其送医救治。综上所述，公共场所经营管理者的安全保障义务，应限于合理限度范围内，与其管理和控制能力相适应。完全民事行为能力人因私自攀爬景区内果树采摘果实而不慎跌落致其自身损害，主张经营管理者承担赔偿责任的，人民法院不予支持，驳回吴某的子女的诉讼请求。

第一千一百九十九条　无民事行为能力人在幼儿园、学校或者其他教育机构学习、生活期间受到人身损害的，幼儿园、学校或者其他教育机构应当承担侵权责任；但是，能够证明尽到教育、管理职责的，不承担侵权责任。

◆ 条文主旨 ◆

本条是关于无民事行为能力人受到人身损害时，幼儿园、学校或者其他教育机构的侵权责任的规定。

◆ 条文解读 ◆

幼儿园、学校和其他教育机构的侵权责任，是指在幼儿园、学校和其他教育机构的教育、教学活动中或者在其负有管理责任的校舍、场地、其他教育教学设施、生活设施中，由于幼儿园、学校或者其他教育机构未尽教育、管理职责，致使学习或者生活的无民事行为能力人和限制民事行为能力人遭受损害或者致他人损害的，学校、幼儿园或者其他教育机构应当承担的与其过错相应的侵权责任。

导致在校无民事行为能力人和限制民事行为能力人人身损

害发生的原因很多，主要有以下情况：（1）因幼儿园、学校和其他教育机构的教学和生活设施、设备不符合安全标准或者管理、维护不当引起的人身损害；（2）因幼儿园、学校和其他教育机构提供的食品、药品、饮用水、教学用具或者其他物品不合格引起的人身损害；（3）因幼儿园、学校和其他教育机构教师或者其他工作人员体罚、变相体罚学生或者其他侮辱学生人格尊严的行为引起的人身损害；（4）幼儿园、学校和其他教育机构组织学生进行实验教学或者劳动时发生的人身损害；（5）学生之间互相嬉戏、玩耍造成的人身损害；（6）幼儿园、学校和其他教育机构组织学生外出活动时出现的人身损害；（7）校外人员在校内造成的人身损害；（8）因学生自身原因造成的人身损害；（9）其他因幼儿园、学校和其他教育机构未尽到教育、管理职责而发生的人身损害。在校无民事行为能力人和限制民事行为能力人遭受的人身损害，幼儿园、学校和其他教育机构存在过错的，应当承担与其过错相应的侵权责任；幼儿园、学校和其他教育机构没有过错的，应当由第三人或者无民事行为能力人、限制民事行为能力人及其监护人承担责任。

法律中幼儿园、学校或者其他教育机构承担责任采用什么归责原则，一直以来就有争议，有的主张采用过错推定原则；有的主张采用过错责任原则。对学校、幼儿园和其他教育机构的侵权责任作出适当的界定，以做到既维护未成年人和其他受害人的合法权益，又维护幼儿园、学校和其他教育机构的正常教学秩序和管理秩序，侵权责任法最终在借鉴境外立法例和最高人民法院司法解释的基础上，根据未成年人的年龄和民事行为能力的不同，规定了幼儿园、学校和其他教育机构侵权责任的不同的归责原则，即第 38 条规定的过错推定原则以及第 39 条规定的过错责任原则。

民法典侵权责任编继承了侵权责任法的规定，仅对个别字词表述作了调整，即本条采用过错推定原则，第 1200 条采用过错责任原则。

一、本条采用过错推定原则

采用这一原则的主要考虑是：无民事行为能力人智力发育还很不成熟，对事物的认知和判断上存在较大不足，不能辨认或者不能充分理解自己行为的后果，必须加以特别保护，这就要求学校等教育机构更多地履行保护孩子身心健康的义务。无民事行为能力人在幼儿园、学校或者其他教育机构学习、生活期间，脱离了监护人的控制范围，如果受到人身损害，基本无法对事故发生的情形准确地加以描述，此时要让无民事行为能力人或者其监护人来证明学校的过错，几乎是不可能的。采用过错推定原则，学校也能举证反驳，可以通过证明已经尽到了相当的注意并且实施了合理的行为，以达到免责的目的。同时，学校等教育机构更有可能通过保险等方式来向社会转移风险。

二、承担责任的范围

由幼儿园、学校和其他教育机构承担侵权责任的侵权行为的范围，应当限于发生在幼儿园、学校和其他教育机构的教育、教学活动中或者其负有管理责任的校舍、场地、其他教育教学设施、生活设施中的侵权行为。但具体范围究竟有多宽，存有不同意见，如学生自行到校或者放学后滞留学校发生的损害，幼儿园、学校和其他教育机构是否应当承担侵权责任等。由于这个问题较为复杂，与幼儿园、学校和其他教育机构所应负有的教育、管理职责密切相关，实践中个案的情况也千差万别，作出统一、具体的规定较为困难，宜由人民法院在具体案件审判过程中作出判断更为合适。

三、如何确定责任

如何确定教育、管理职责的范围，进而判断幼儿园、学校和其他教育机构是否已尽教育、管理职责，也存在一定争议。我们认为，教育法、未成年人保护法以及其他法规、规章中，对于幼儿园、学校和其他教育机构的教育、管理职责已经作了广泛、具体的规定，出现纠纷时，应当参考这些规定结合具体情况由人民法院作出最终判断，法律对此没有也很难作出具体规定。

四、关于免责事由

在制定侵权责任法和编纂民法典的过程中，有的建议明确幼儿园、学校和其他教育机构不承担赔偿责任的具体情形，如在自行上学、放学、返校、离校途中发生损害的，学生参加体育锻炼正常对抗中造成的损害等。我们研究认为，这些情形有的根据本法规定明显不属于幼儿园、学校和其他教育机构的责任，有的在侵权责任编一般规定一章中已经有所规定，没有必要再作重复规定。

第一千二百条　限制民事行为能力人在学校或者其他教育机构学习、生活期间受到人身损害，学校或者其他教育机构未尽到教育、管理职责的，应当承担侵权责任。

❖ 条文主旨 ❖

本条是关于限制民事行为能力人受到人身损害时，学校或者其他教育机构的侵权责任的规定。

❖ 条文解读 ❖

本法第1199条规定了在受侵害人是无民事行为能力人的情况下，幼儿园、学校或者其他教育机构应当承担的侵权责任。本条则规定了在受侵害人是限制民事行为能力人的情况下，学校或者其他教育机构应当承担的侵权责任。

根据本条规定，限制民事行为能力人在学校或者其他教育机构学习、生活期间受到人身损害的，如果该限制民事行为能力人或者其监护人能够证明学校或者其他教育机构没有尽到教育、管理职责，对该限制民事行为能力人所发生的人身损害有过错，学校或者其他教育机构就要承担责任。与第 1199 条采用过错推定原则不同，对限制民事行为能力人的情况，本条采用了过错责任原则，主要是考虑：与无民事行为能力人相比，限制民事行为能力人的心智已渐趋成熟，对事物已有一定的认知和判断能力，能够在一定程度上理解自己行为的后果，对一些容易遭受人身损害的行为也有了充分认识，应当在构建和谐的成长环境的同时，鼓励其广泛地参加各类学校活动和社会关系，以利于其更好、更有效地学习、成长。如果适用过错推定原则，科以学校较重的举证负担，为避免发生意外事故，有的学校会采取消极预防的手段，如减少学生体育活动、劳动实践，不再组织春游、参观等校外活动，严格限制学生在校时间，甚至不允许学生在课间互相追逐打闹等，一些措施甚至与素质教育目标背道而驰，成为推行素质教育的一大障碍，最终不利于学生的成长、成熟。同时，在判断学校尽到教育、管理职责时也可以通过采用客观化的判断标准，如学校的各种教学设施是否符合安全要求，对存在的各种安全隐患是否及时排除、是否已采取必要的防范措施，学校是否制定了合理、明确的安全规章制度等来缓和举证责任，减轻被侵权人的举证负担，以利于对学生的救济。

教育法、未成年人保护法以及其他法规、部门规章中，对于学校和其他教育机构的教育、管理职责已经作了广泛、具体的规定，只要能够证明学校或者其他教育机构违反了这些职责，使限制民事行为能力人在学习、生活期间受到人身损害的，就基本可以认定学校没有尽到教育、管理职责，要依法对限制民事行为能力人受到的人身损害承担责任。

第一千二百零一条　无民事行为能力人或者限制民事行为能力人在幼儿园、学校或者其他教育机构学习、生活期间，受到幼儿园、学校或者其他教育机构以外的第三人人身损害的，由第三人承担侵权责任；幼儿园、学校或者其他教育机构未尽到管理职责的，承担相应的补充责任。幼儿园、学校或者其他教育机构承担补充责任后，可以向第三人追偿。

◆ 条文主旨 ◆

本条是关于无民事行为能力人或者限制民事行为能力人受到校外人员人身损害时的责任分担的规定。

◆ 条文解读 ◆

本法第1199条和第1200条对未成年人在幼儿园、学校或者其他教育机构学习、生活期间遭受人身损害时幼儿园、学校或者其他教育机构的侵权责任，区分无民事行为能力人和限制民事行为能力人分别规定了不同的归责原则。本条则区分造成损害的主体为幼儿园、学校或者其他教育机构以外的人员的情况，规定幼儿园、学校或者其他教育机构应当承担的侵权责任。

1. 幼儿园、学校或者其他教育机构以外的人员承担的侵权责任。幼儿园、学校或者其他教育机构以外的人员，是指幼儿园、学校或者其他教育机构的教师、学生和其他工作人员以外的人员。如果未成年人在幼儿园、学校或者其他教育机构学习、生活期间遭受人身损害，是由于幼儿园、学校或者其他教育机构本身的人员的行为造成的，依照本法第1199条、第

1200 条的规定处理。但在某些情况下，幼儿园、学校或者其他教育机构以外的人员可能进入校园内或者在幼儿园、学校或者其他教育机构组织学生外出活动期间直接造成学生人身伤害，如社会人员进入学校殴打学生，校外车辆在校园内撞伤学生等。在这种情况下，该幼儿园、学校或者其他教育机构以外的人员的侵权行为直接造成人身损害后果的发生，其作为侵权人就应当依法承担侵权责任。

2. 幼儿园、学校或者其他教育机构承担的相应补充责任。由于此时受到人身损害的无民事行为能力人或者限制民事行为能力人仍在幼儿园、学校或者其他教育机构监管之下，幼儿园、学校或者其他教育机构仍负有管理职责，如果幼儿园、学校或者其他教育机构未尽到管理职责的，对损害的发生也具有过错，其未尽到管理职责的行为是造成损害发生的间接原因，应当承担补充责任。幼儿园、学校或者其他教育机构是否尽到管理职责，要根据人身损害发生时的具体情况判断，如幼儿园、学校或者其他教育机构的安全管理制度是否有明显疏漏，或者是否管理混乱，存在重大安全隐患。如果幼儿园、学校或者其他教育机构的安全保卫工作存在过失，如学校门卫管理制度欠缺或者门卫管理不善，导致校外人员随意进入学校殴打学生，或者学校为改善经济条件将学校校舍、场地租给他人使用，甚至将学校操场辟为停车场，致使校内常有车辆来往，出现车辆撞伤、撞死学生等情况的，学校就应承担补充责任。理解这一规定应当注意第三人的侵权责任和安全保障义务人的补充责任有先后顺序。首先由第三人承担侵权责任，在无法找到第三人或者第三人没有能力全部承担侵权责任时，才由幼儿园、学校或者其他教育机构承担侵权责任。如果第三人已经全部承担侵权责任，则幼儿园、学校或者其他教育机构不再承担侵权责任。

3. 侵权责任法没有规定幼儿园、学校或者其他教育机构承担补充责任后，是否可以向第三人追偿。主要是考虑本条中负有安全保障义务的主体承担相应的补充责任是因为其本身有过错，有过错一方承担补偿责任不应有追偿权。在民法典侵权责任编编纂过程中，不少建议增加追偿权的规定。我们研究认为，增加追偿权的规定，一是符合不真正连带责任的法理，二是有利于避免司法中的争议，为实践中出现的具体案例提供法律依据，更好地保障无民事行为能力人或者限制民事行为能力人的成长，也为平安校园建设提供支撑。

第四章　产品责任

本章共七条，主要规定了生产者、销售者、运输者、仓储者及第三人等承担产品责任的归责原则及侵权责任，被侵权人的索赔途径，先行赔偿人的追偿权，被侵权人有权要求生产者、销售者承担的侵权责任，对已投入流通后发现缺陷产品的警示、召回等补救措施及侵权责任，故意生产、销售缺陷产品的惩罚性赔偿等。

本章“产品责任”，是指产品存在缺陷发生侵权，造成他人损害，生产者、销售者等所应当承担的侵权责任，而不是指合同中的产品质量不合格的民事责任。“缺陷”并非指产品有瑕疵，而是指产品质量不好达到危害人民生命和财产安全的程度。例如，汽车制动有缺陷，致使刹车不灵，造成交通事故，导致人身、财产损害，对此，生产者、销售者等应当承担侵权责任。汽车空调不制冷，为产品有瑕疵，对此，生产者、销售者等应当承担合同责任。

第一千二百零二条　因产品存在缺陷造成他人损害的，生产者应当承担侵权责任。

◆ 条文主旨 ◆

本条是关于产品生产者侵权责任的规定。

◆ 条文解读 ◆

侵权责任法制定过程中，产品责任应采用何种归责原则，有较大争议。在广泛借鉴国际通行做法并充分调查研究国内实际情况下，侵权责任法第 41 条采用了无过错责任的归责原则。本条规定继承了侵权责任法的归责原则及规定。

依据本条的规定，构成产品责任须具备三个要件：第一，产品具有缺陷；第二，须有缺陷产品造成受害人损害的事实；第三，缺陷产品与损害事实之间存在因果关系。

一、关于产品缺陷

产品缺陷是构成产品责任的首要条件。我国产品质量法第 46 条规定了缺陷。在侵权责任法起草及民法典编纂过程中，对是否将产品质量法关于缺陷产品的含义在民法中作出规定，存在不同意见。有的认为，民法典是基本法，不应再援引其他法律的规定。有的认为，民法不宜对某些概念作过细、过于具体的规定，否则会限制产品的更新与发展，随着科学技术的发展，对产品的缺陷会有不同的认识。此外，还会造成法律之间规定的重复。

侵权责任法没有对产品缺陷作出定义性的规定。实践中可以产品质量法第 46 条关于缺陷的规定为标准判断产品是否为缺陷产品。民法典侵权责任编继承了侵权责任法的规定，也没有规定缺陷的含义。

二、关于缺陷产品造成受害人损害的事实

缺陷产品造成受害人损害的事实，是指缺陷产品的使用人或者第三人因缺陷产品造成损害的客观存在。损害事实包括人身损害、财产损害。财产损害是否包括缺陷产品本身的损失，在立法中存在争论。有的认为，多数国家产品责任中的财产损害仅指缺陷产品以外的其他财产的损失，不包括缺陷产品本身。缺陷产品本身的损害，属于合同责任问题，应当通过合同解决，缺陷产品以外的其他财产损害，才是本章所称的财产损害。有的认为，财产损害应当包括缺陷产品本身的损害。有的提出，立法应当从我国国情出发，从保护用户、消费者的角度出发，财产损害不应区分缺陷产品本身的损害及缺陷产品以外的其他财产的损害。我们认为本条的财产损害，既包括缺陷产品以外的其他财产的损害，也包括缺陷产品本身的损害，这样，有利于及时、便捷地保障用户、消费者的合法权益。

三、关于缺陷产品与损害事实之间的因果关系

产品责任中的因果关系，是指产品的缺陷与受害人损害事实之间存在引起与被引起的关系。在一般侵权案件中，原则上是“谁主张谁举证”。产品责任是一种特殊的侵权，考虑到用户、消费者与生产者之间存在信息上的不对称，特别是对于高科技产品致害原因不易证明等特点，通常要求生产者就缺陷不存在，或缺陷与损害之间不存在因果关系举证。如果生产者不能举证证明，则认定产品存在缺陷及缺陷与损害之间存在因果关系。

第一千二百零三条　因产品存在缺陷造成他人损害的，被侵权人可以向产品的生产者请求赔偿，也可以向产品的销售者请求赔偿。

产品缺陷由生产者造成的，销售者赔偿后，有权向生产者追偿。因销售者的过错使产品存在缺陷的，生产者赔偿后，有权向销售者追偿。

❖ 条文主旨 ❖

本条是关于被侵权人要求损害赔偿的途径和先行赔偿人追偿权的规定。

❖ 条文解读 ❖

被侵权人因产品存在缺陷造成损害后，往往不清楚这一缺陷究竟是谁造成的，因此，也就不知道应当向谁请求赔偿。为解决实践中这一问题，使得被侵权人尽快得到赔偿，本条规定，因产品存在缺陷造成损害的，被侵权人可以向产品的生产者请求赔偿，也可以向产品的销售者请求赔偿。产品缺陷由生产者造成的，销售者赔偿后，有权向生产者追偿。因销售者的过错使产品存在缺陷的，生产者赔偿后，有权向销售者追偿。

1. 本条所讲被侵权人，是指因产品存在缺陷造成人身、财产损害之后，有权要求获得赔偿的人，包括直接购买并使用缺陷产品的人，也包括非直接购买使用缺陷产品但受到缺陷产品损害的其他人。

2. 本条从方便被侵权人维护自己合法权益的角度出发，规定了被侵权人请求赔偿的两个途径：一个是可以向产品的生产者请求赔偿；另一个是可以向产品的销售者请求赔偿。也就是说，只要是缺陷产品引起的损害，被侵权人可以向生产者和销售者中的任何一方提出赔偿请求。

3. 根据本条规定，生产者、销售者中先行赔偿的一方有权向应当承担责任的一方追偿自己已经向被侵权人垫付的赔偿费用。需要明确的是，生产者和销售者承担产品责任的原则是不同的，生产者承担无过错责任，销售者承担过错责任，对此本条明确规定“产品缺陷由生产者造成的，销售者赔偿后，有权向生产者追偿。因销售者的过错使产品存在缺陷的，生产者赔偿后，有权向销售者追偿”。先行垫付赔偿费用的一方只有在另一方符合承担产品侵权责任条件的情形下，才可以向对方行使追偿权。

4. 编纂过程中的一点考虑。侵权责任法第 42 条规定，因销售者的过错使产品存在缺陷，造成他人损害的，销售者应当承担侵权责任。销售者不能指明缺陷产品的生产者也不能指明缺陷产品的供货者的，销售者应当承担侵权责任。在民法典侵权责任编编纂过程中，有的提出，本条对销售者责任的归责原则表述模糊，“因销售者的过错”的表述易产生歧义，并且第 42 条的实际意义是解决销售者与生产者的内部最终责任承担问题。我们研究认为，侵权责任法对产品责任中生产者、销售者责任的归责原则是不同的，销售者承担产品责任采用过错责任原则。但是，该条第 1 款“因销售者的过错使产品存在缺陷，造成他人损害的，销售者应当承担侵权责任”的表述确实与第 43 条第 3 款“因销售者的过错使产品存在缺陷的，生产者赔偿后，有权向销售者追偿”的表述重复；第 42 条第 2 款“销售者不能指明缺陷产品的生产者也不能指明缺陷产品的供货者的，销售者应当承担侵权责任”也主要解决责任内部分配的问题，并且第 43 条第 2 款、第 3 款能够涵盖第 42 条的内容。由此看出，删除第 42 条并不影响侵权责任法关于产品责任的严密规定。为了使表述更加清晰简洁、上下文逻辑更加通顺，在民法典侵权责任编编纂过程中，删除了侵权责任法第 42 条的规定。

第一千二百零四条　因运输者、仓储者等第三人的过错使产品存在缺陷，造成他人损害的，产品的生产者、销售者赔偿后，有权向第三人追偿。

❖ 条文主旨 ❖

本条是关于第三人过错致使产品存在缺陷造成他人损害的侵权责任及生产者、销售者先行赔偿后追偿权的规定。

❖ 条文解读 ❖

产品在运输流通过程中，运输者、仓储者等应当按照有关规定和产品包装上标明的储藏、运输等标准进行储存、运输。如果运输者、仓储者等不按上述规定运输或者仓储，有可能造成产品缺陷。对此有过错的，行为人应当对因自己的过错产生的损害负赔偿责任，因此，因运输者、仓储者等第三人导致产品缺陷造成他人损害的，应当按照过错责任原则承担赔偿责任。

现实生活中，产品从生产到使用人手中，要经过生产、储存、运输、销售等许多环节，被侵权人往往不知道运输者、仓储者是谁，也不清楚产品缺陷究竟是谁造成的，损害发生后，找生产者或者销售者请求赔偿最简单、方便。因为产品使用人通常清楚从何处购买的产品，即使非直接购买者，也容易找到产品生产者。为了充分保护被侵权人的利益，方便被侵权人请求赔偿，根据本条的规定，即使是因运输者、仓储者等第三人的过错使产品存在缺陷造成损害，被侵权人仍然可以先找产品的生产者或者销售者请求赔偿。生产者、销售者承担赔偿责任后，可以依据本条的规定，向造成产品缺陷的有过错的运输者、仓储者等第三人行使追偿权，要求其支付赔偿费用。本条继承了侵权责任法第 44 条的规定，未作修改。

第一千二百零五条　因产品缺陷危及他人人身、财产安全的，被侵权人有权请求生产者、销售者承担停止侵害、排除妨碍、消除危险等侵权责任。

❖ 条文主旨 ❖

本条是关于因产品缺陷危及他人人身、财产安全的侵权责任的规定。

❖ 条文解读 ❖

产品存在缺陷对他人可能产生两种影响：一是造成他人损害，这种损害是已经发生的，是现实存在的，被侵权人有权请求生产者、销售者承担停止侵害、排除妨碍等侵权责任。二是对他人人身、财产安全产生一种危险，存在不安全因素。从某种角度说，这是一种尚未发生、非现实存在的损害，如果不采取相应措施，这种潜在的损害随时都有可能发生，造成受害人的实际损害。为了避免这种潜在损害实际发生给受害人造成真正的损害，杜绝、减少或者减轻受害人的损失，也为了便利被侵权人请求损害赔偿，因产品缺陷危及他人人身、财产安全的，被侵权人有权要求生产者、销售者承担排除妨碍、消除危险等侵权责任。

排除妨碍、消除危险是承担产品侵权责任的两种方式。妨碍，是指侵权人实施的妨碍他人合法权益的行为或者造成的妨碍他人合法权益正常行使的某种有害状况。排除妨碍，是指依据被侵权人的请求，侵权人以一定的积极行为除去妨碍，以使被侵权人正常行使合法权益的民事责任方式。被侵权人在请求排除妨碍时，应当注意以下几个问题：第一，妨碍必须是不法的。至于妨碍人主观是否预见妨碍后果，均不影响被侵权人提出请求。但如果妨碍是合法的，即正当行使权利的行为，则妨碍人可以拒绝当事人的请求。第二，妨碍既可以是已经发生的，也可以是可能出现的。被侵权人不仅可以对已经发生的妨碍要求排除，对尚未发生但又确有可能发生的也有请求排除的权利。第三，妨碍是权利人行使权利的障碍，只要不法行为妨碍他人行使物权、人身权等，被侵权人均可请求排除妨碍。

侵权人的侵权行为或者其他行为构成对他人人身、财产的现实威胁，为侵权责任法中的危险。这里的危险是指现实威胁，即随时可能发生的、发生概率极大的危险而不是遥不可及的危险。消除危险，是指人身或者财产受到现实威胁的当事人请求造成危险或对危险负有责任的人消除危险状况，保障请求权人人身、财产安全的民事责任方式。适用这种责任方式，能有效地防止损害的发生，充分保护民事主体的民事权利。

需要明确的是，产品责任中，被侵权人承担排除妨碍、消除危险侵权责任有两个条件：一是产品存在缺陷；二是危及他人人身、财产安全。在这两个条件同时具备的情况下，被侵权人可以要求产品生产者或者销售者承担包括但不限于停止侵害、排除妨碍、消除危险的侵权责任。此外，还可以依据本法总则编的规定，要求生产者或者销售者以其他方式承担侵权责任，如恢复原状等。

第一千二百零六条　产品投入流通后发现存在缺陷的，生产者、销售者应当及时采取停止销售、警示、召回等补救措施；未及时采取补救措施或者补救措施不力造成损害扩大的，对扩大的损害也应当承担侵权责任。

依据前款规定采取召回措施的，生产者、销售者应当负担被侵权人因此支出的必要费用。

❖ 条文主旨 ❖

本条是关于生产者、销售者应当采取补救措施及费用承担的规定。

❖ 条文解读 ❖

产品投入流通时，生产者、销售者可能因某种原因或者技术水平等未能发现产品有缺陷，在产品售出已经进入流通后才发现产品存在缺陷。在这种情形下，生产者、销售者应当及时以合理、有效的方式向使用人发出警示，或者采取召回缺陷产品等补救措施，以防止损害的发生或者进一步扩大。对此本条规定，产品投入流通后发现存在缺陷的，生产者、销售者应当及时采取停止销售、警示、召回等补救措施。

停止销售是对正在销售的产品采取下架、封存等不再出售的措施。停止销售可以避免侵权行为的扩大化，最大限度做到减少新产生损失。

警示是对产品有关的危险或产品的正确使用给予说明、提醒，提请使用者在使用该产品时注意已经存在的危险或者潜在可能发生的危险，避免危险的发生，防止或者减少对使用者的损害。警示的作用有两个：一是告知使用者产品有危险，明示产品的缺陷；二是让使用者知道在使用该产品时如何避免危险的发生，以保证人身、财产的安全。

召回是产品的生产者、销售者依法定程序，对其生产或者销售的缺陷产品以换货、退货、更换零配件等方式，及时消除或减少缺陷产品危害的行为。召回的意义在于防患于未然，就此而言，有些类似于消除危险的侵权责任承担方式，是生产者、销售者将缺陷产品从流通环节中撤回，阻断可能发生的危害，一般而言是停止销售的下一步措施。

侵权责任法第46条规定，未及时采取补救措施或者补救措施不力造成损害的，应当承担侵权责任。在民法典侵权责任编编纂过程中，有的提出，因产品存在缺陷造成他人损害的，生产者应当承担侵权责任；因销售者的过错使产品存在缺陷，造成他人损害的，销售者应当承担侵权责任，这些内容已经在本章其他条款中明确规定了。本条应当旨在解决生产者、销售者对产品跟踪服务的义务，要求生产者、销售者对投入流通后的产品不能撒手不管。因此，建议将侵权责任法第 46 条“未及时采取补救措施或者补救措施不力造成损害的，应当承担侵权责任”修改为“未及时采取补救措施或者补救措施不力造成损害扩大的，对扩大的损害也应当承担侵权责任”。经研究，我们采纳了这一建议，在 2018 年 12 月提请审议的侵权责任编草案二审稿时作了相应的修改。

此外，还有的提出，为更好地保障被侵权人的权益，建议借鉴消费者权益保护法的相关规定，明确被侵权人因相关产品被召回支出的必要费用由生产者、销售者负担。我们研究认为，消费者权益保护法第 19 条规定，经营者发现其提供的商品或者服务存在缺陷，有危及人身、财产安全危险的，应当立即向有关行政部门报告和告知消费者，并采取停止销售、警示、召回、无害化处理、销毁、停止生产或者服务等措施。采取召回措施的，经营者应当承担消费者因商品被召回支出的必要费用。消费者权益保护法规定了召回费用承担的内容，对维护产品生产经营秩序、救济被侵权人具有积极意义，可以吸收到基本法里。因此，采纳了这一意见，在本条中增加了召回费用承担的规定。

第一千二百零七条　明知产品存在缺陷仍然生产、销售，或者没有依据前条规定采取有效补救措施，造成他人死亡或者健康严重损害的，被侵权人有权请求相应的惩罚性赔偿。

❖ 条文主旨 ❖

本条是关于产品责任中惩罚性赔偿的规定。

❖ 条文解读 ❖

根据本条的规定，产品责任中适用惩罚性赔偿的条件是：

第一，侵权人具有主观故意。明知是缺陷产品仍然生产或者销售，这一点在侵权责任法第 46 条中已经明确规定。在民法典侵权责任编编纂过程中，有的提出，侵权责任法第 46 条要求生产者、销售者采取补救措施。实践中，有些企业、销售者置他人的生命财产安全于不顾，置法律规定于不顾，主观恶性极大，这种行为应当予以严惩，建议规定惩罚性赔偿。我们采纳了这一建议，在本条增加规定，没有依照前条规定采取有效补救措施，造成他人死亡或者健康严重损害的，被侵权人有权请求相应的惩罚性赔偿。

第二，要有损害事实。这种损害事实不是一般的损害事实，而应当是造成严重损害的事实，即造成他人死亡或者健康受到严重损害。

第三，要有因果关系，即被侵权人的死亡或者健康严重受损害是因为侵权人生产或者销售的缺陷产品造成的，或者生产者、销售者没有依照前条规定采取有效补救措施。本条还规定了惩罚性赔偿的适用范围，即在被侵权人死亡或者健康受到严重损害的范围内适用，除此之外的其他损害不适用惩罚性赔偿，如被侵权人的财产损害。为防止滥用惩罚性赔偿，避免被侵权人要求的赔偿数额畸高，本条规定，被侵权人有权请求相应的惩罚性赔偿。这里的“相应”，主要指被侵权人要求的惩罚赔偿金的数额应当与侵权人的恶意相当，应当与侵权人造成的损害后果相当，与对侵权人威慑相当，具体赔偿数额由人民法院根据个案具体判定。

需要指出的是，惩罚性赔偿的主要目的不在于弥补被侵权人的损害，而在于惩罚有主观故意的侵权行为，并遏制这种侵权行为的发生。从赔偿功能上讲，其主要作用在于威慑，其次才是补偿。虽然从个案上看，被侵权人得到了高于实际损害的赔偿数额，但从侵权人角度来看，这种赔偿能够提高其注意义务，从而避免类似情况再次发生。

第五章　机动车交通事故责任

本章共十条，主要规定了机动车发生交通事故造成损害承担赔偿责任的原则；因租赁、借用等情形机动车所有人、管理人与使用人不是同一人时，发生交通事故后如何承担赔偿责任；以买卖等方式转让并交付机动车但未办理登记，发生交通事故后如何承担赔偿责任；以挂靠形式从事道路运输经营活动的机动车发生交通事故造成损害如何承担赔偿责任；未经允许驾驶他人机动车发生交通事故造成损害如何承担赔偿责任；机动车发生交通事故造成损害的赔偿顺序；以买卖或者其他方式转让拼装或者已达到报废标准的机动车，发生交通事故造成损害如何承担责任；盗窃、抢劫或者抢夺的机动车发生交通事故造成损害的如何承担赔偿责任；强制保险责任限额范围内垫付抢救费用的追偿权；机动车驾驶人发生交通事故后逃逸的责任承担；好意同乘情形下的责任承担。

在民法典侵权责任编编纂过程中，有的建议本章明确规定电动车的侵权责任类型。根据我国道路交通安全法的规定，非机动车，是指以人力或者畜力驱动，上道路行驶的交通工具，以及虽有动力装置驱动但设计最高时速、空车质量、外形尺寸符合有关国家标准的残疾人机动轮椅车、电动自行车等交通工具。结合《电动自行车通用技术条件》对于电动自行车以及摩托车的规定，时速20km/h以下且车重不大于40kg的判定为非机动车，而最高设计时速在20km/h—50km/h且车重大于40kg的判定为轻便摩托车，最高设计时速大于50km/h的判定为摩托车。因此，判定电动车的责任，以及电动车是否属于机动车主要取决于驱动方式、最高时速以及车重。

第一千二百零八条　机动车发生交通事故造成损害的，依照道路交通安全法律和本法的有关规定承担赔偿责任。

❖ 条文主旨 ❖

本条是关于机动车发生交通事故造成损害承担赔偿责任的原则规定。

❖ 条文解读 ❖

一、依照道路交通安全法律有关规定承担赔偿责任

道路交通安全法律，主要是道路交通安全法的规定。

1. 首先由保险公司在机动车第三者责任强制保险责任限额范围内予以赔偿。根据道路交通安全法第 17 条规定，国家实行机动车第三者责任强制保险制度。机动车第三者责任强制保险是解决道路交通事故赔偿问题的重要制度。机动车发生交通事故，包括机动车与机动车之间，机动车与非机动车驾驶人、行人之间，都是先由保险人在机动车第三者责任强制保险责任限额内予以赔偿，不足的部分才由机动车一方承担赔偿责任。这对及时充分地使受害人获得赔偿，分散机动车驾驶人的风险，有重要意义。

2. 在强制保险责任限额范围内赔偿后不足部分的责任承担。

（1）机动车之间发生交通事故的赔偿责任，由有过错的一方承担赔偿责任；双方都有过错的，按照各自过错的比例分担责任。这一规定表明，机动车之间发生交通事故的，适用过

错责任原则。由于机动车之间没有强弱之分，发生交通事故的，应当适用侵权责任的一般归责原则，由有过错的一方承担赔偿责任；如果双方都有过错的，应当按照各自过错的比例分担责任。

（2）机动车与非机动车驾驶人、行人之间发生交通事故的赔偿责任。在归责原则上，机动车与非机动车驾驶人、行人之间发生交通事故，主要适用过错推定原则，同时，机动车一方还要承担一部分无过错责任。过错推定源于过错责任原则，但在适用上与一般的过错责任原则有所不同。发生损害后，首先推定行为人有过错，同时给予其举证证明自己没有过错以及对方有过错的机会，如果能够证明自己没有过错的，可以免除责任；不能证明自己没有过错的，就要承担损害赔偿责任。过错推定与一般过错责任的最大不同就是采用了举证责任倒置的方法。

根据道路交通安全法第 76 条第 1 款规定，机动车一方没有过错的，承担不超过 10% 的赔偿责任。这是机动车在没有过错的情况下，也要承担一小部分的赔偿责任的规定。就此部分而言，机动车承担的是无过错责任。

3. 机动车一方不承担责任的情形。道路交通安全法第 76 条第 2 款规定，交通事故的损失是由非机动车驾驶人、行人故意碰撞机动车造成的，机动车一方不承担赔偿责任。这是关于机动车一方免责事由的规定。机动车与非机动车驾驶人、行人之间发生交通事故，如果交通事故的损失是因非机动车驾驶人、行人自杀、自伤、有意冲撞（“碰瓷”）等行为故意造成的，机动车一方不承担赔偿责任。

二、依照本法的有关规定承担赔偿责任

本法总则编“民事责任”规定了不可抗力、正当防卫、紧急避险等不承担责任的情形；侵权责任编“一般规定”规定了与有过失、受害人故意、第三人侵权等减轻或者免除责任的情形。这些责任承担的特殊情况，需要在确定机动车交通事故责任时，结合具体案件考虑和适用。因此，民法典侵权责任编增加了依照“本法”有关规定承担赔偿责任的规定。

需要说明的是，本条在沿袭侵权责任法第48条规定的基础上进行了完善。本条规定的“依照道路交通安全法律”与侵权责任法该条规定的“依照道路交通安全法”系同一含义，只是民法典编纂时根据立法技术规范进行了规范性表述。

第一千二百零九条　因租赁、借用等情形机动车所有人、管理人与使用人不是同一人时，发生交通事故造成损害，属于该机动车一方责任的，由机动车使用人承担赔偿责任；机动车所有人、管理人对损害的发生有过错的，承担相应的赔偿责任。

❖ 条文主旨 ❖

本条是关于因租赁、借用等情形机动车所有人、管理人与使用人不是同一人时，发生交通事故后如何承担赔偿责任的规定。

❖ 条文解读 ❖

一、有关术语介绍

机动车租赁，是指机动车所有人将机动车在一定时间内交付承租人使用、收益，机动车所有人收取租赁费用，不提供驾驶劳务的行为。机动车管理，是指将机动车存放在某一场所，或者将机动车交付维修，机动车暂时脱离所有人占有时，保管、占有机动车的行为。机动车借用，是指机动车所有人将机动车在约定时间内交由借用人使用的行为。现实生活中，机动车租赁主要是出租人仅将机动车交付承租人使用，出租人收取租金，但不提供驾驶人员。例如，汽车租赁公司在一定期间内按约定的租金将机动车出租给其他单位或个人使用。

机动车发生交通事故，属于该机动车一方责任的，当机动车所有人、管理人与使用人是同一人时，损害赔偿责任由所有人承担，这是一种常态。在现实生活中，因出租、管理、出借等情形使机动车与其所有人、管理人分离，机动车承租人或者借用人为使用人、实际控制人的形态也是常见的。这就面临机动车发生交通事故后，是由机动车所有人、管理人还是使用人承担赔偿责任的问题。

二、对本条的理解和适用

根据本条规定，因租赁、借用等情形机动车所有人、管理人与使用人不是同一人时，发生交通事故后属于该机动车一方责任的，如何承担责任，需要把握以下几点：

第一，本法删除了侵权责任法第 49 条“由保险公司在机动车强制保险责任限额范围内予以赔偿”的规定。侵权责任法第六章“机动车交通事故责任”在第49 条、第50 条都规定了机动车强制保险责任限额范围内先行赔偿的内容。为了使条文表述简练、避免重复，同时系统规定机动车发生交通事故造成损害的赔偿顺序，本法将机动车强制保险责任限额范围内先行赔偿的内容单独写了一条。因此，本条不再规定相关内容，但在适用上不受影响，根据本法第 1213 条的规定，机动车发生交通事故造成损害，属于该机动车一方责任的，仍然先由承保机动车强制保险的保险人在强制保险责任限额范围内予以赔偿。不足部分，如果机动车一方购买了商业保险的，由承保机动车商业保险的保险人按照保险合同的约定予以赔偿；仍然不足或者没有投保机动车商业保险的，由机动车使用人赔偿。这是因为，租赁、借用后，机动车所有人、管理人丧失对机动车的控制，机动车使用人直接使用、支配、管理、占有机动车，成为承担责任的主体。

本条中的“使用人”不仅包括承租人、管理人、借用人，还包括机动车出质期间的质权人、维修期间的维修人、由他人保管期间的保管人等。在机动车出质、维修和由他人保管期间，机动车由质权人、维修人和保管人占有，他们对机动车享有运行支配力，而所有人、管理人则丧失了运行支配力。质权人、维修人、保管人擅自驾驶机动车发生交通事故的，应由质权人、维修人、保管人承担赔偿责任。

第二，机动车所有人、管理人对损害的发生有过错的，承担相应的赔偿责任。机动车所有人在将机动车出租、出借时应当对承租人、借用人进行必要的审查，比如，承租人、借用人是否有驾驶资格。同时，还应当保障机动车性能符合安全的要求，比如，车辆制动是否灵敏等。机动车管理人在保管、占有机动车过程中，负有妥善保管、管理的义务，不得擅自使用或者许可他人使用机动车。机动车所有人、管理人没有尽到上述应有的注意义务，便有过错，该过错可能成为该机动车造成他人损害的一个因素，机动车所有人、管理人应当对因自己的过错造成的损害负相应的赔偿责任。

第一千二百一十条　当事人之间已经以买卖或者其他方式转让并交付机动车但是未办理登记，发生交通事故造成损害，属于该机动车一方责任的，由受让人承担赔偿责任。

❖ 条文主旨 ❖

本条是关于已经转让并交付但未办理登记的机动车发生交通事故，承担责任主体的规定。

❖ 条文解读 ❖

根据道路交通安全法第 12 条的规定，机动车所有权发生转移的，应当办理登记。在现实生活中，存在机动车已经通过买卖、赠与等方式转让，也向买受人交付了机动车，但是没有办理登记手续，甚至还存在连环转让机动车但都没有办理登记的情形。本条正是针对这种情况，明确规定了承担赔偿责任的主体。

第一，侵权责任法第 50 条规定了机动车强制保险责任限额范围内先行赔偿的内容。为了使条文表述简练、避免重复，同时系统规定机动车发生交通事故造成损害的赔偿顺序，本法将机动车强制保险责任限额范围内先行赔偿的内容单独写了一条。因此，本条不再规定相关内容，但在适用上不受影响，根据本法第 1213 条的规定，机动车发生交通事故造成损害，属于该机动车一方责任的，仍然先由承保机动车强制保险的保险人在强制保险责任限额范围内予以赔偿。不足部分，如果机动车一方购买了商业保险的，由承保机动车商业保险的保险人按照保险合同的约定予以赔偿；仍然不足或者没有投保机动车商业保险的，由机动车使用人赔偿。

第二，侵权责任法第 50 条规定的是“未办理所有权转移登记”的内容。在编纂民法典的过程中，有的提出，根据本法物权编的有关规定，动产物权的设立和转让，自交付时发生效力，但是法律另有规定的除外。船舶、航空器和机动车等的物权的设立、变更、转让和消灭，未经登记，不得对抗善意第三人。这些规定表明，机动车所有权的转移在交付时发生效力，未经登记，只是缺少公示而不产生社会公信力，在交易过程中不能对抗善意第三人。本条立法目的规范的情形，不是物权是否发生变动，事实上机动车所有权已经发生转移。即使在附所有权保留特别约定的分期付款买卖机动车的情形下，如果机动车已交付购买人，虽然出卖人仍保留机动车所有权，但并不影响购买人取得机动车的实际支配力和使用收益。该所有权仅在购买人不依约定支付价金时才发生效力，即要求购买人返还出卖人享有所有权的机动车。因此，在发生道路交通事故后，应当由购买人承担赔偿责任，保留机动车所有权的出卖人不承担赔偿责任。本条的情形应当只是行政管理上的登记没有变更，这种管理性登记不影响侵权责任的承担。因此，建议将侵权责任法第50条“所有权转移”删除。经研究，我们采纳了这一建议。当事人之间已经以买卖、赠与等方式转让并交付机动车但未办理登记的，原机动车所有人已经不是真正的所有人，更不是机动车的占有人，他不具有机动车的实质所有权，丧失了对机动车运行支配的能力，不具有防范事故发生的控制力。在机动车发生事故后，仍然要求其承担赔偿责任，是不合理、不公平的。赔偿义务应当由买受人、受赠人等对机动车运行有实质影响力和支配力的机动车的实际所有人、占有人来承担。

第三，本条中的“交付”与物权编中的“交付”不应完全等同。物权理论中的拟制交付有简易交付①、指示交付②和占有改定③等的区分。简易交付可以适用本条的规则；指示交付中，第三人不将机动车交给受让人，受让人无法实际控制机

① 简易交付：指受让人在动产物权变动前已先行占有该动产的，让与人如设立和转让其动产物权，无须再为现实交付，让与合同生效时即发生物权变动的效力的交付方式。

② 指示交付：指标的物由双方以外的第三人实际占有时，转让人将对第三人的返还请求权让与受让人，以代标的物的实际交付。

③ 占有改定：财产出让人将其特定财产让与他人，同时又与受让人约定债权关系并依此仍保留对该财产实际占有的复合法律行为。占有改定通过让与财产的物权行为和约定占有的债权行为形成了双重占有：出让人对物的直接占有和受让人对物的间接占有；同时又意味着完成了两次拟制交付：基于物权变动的交付和基于债务（如租赁）履行的交付。

动车；占有改定中，出让人仍然继续占有该机动车，受让人无法实际控制机动车。但是，我国法律中并未出现实际交付、简易交付、指示交付和占有改定这些学理术语。因此，本条的“交付”主要是指“实际交付”。

第一千二百一十一条　以挂靠形式从事道路运输经营活动的机动车，发生交通事故造成损害，属于该机动车一方责任的，由挂靠人和被挂靠人承担连带责任。

❖ 条文主旨 ❖

本条是关于挂靠车辆引发交通事故时的责任主体的规定。

❖ 条文解读 ❖

机动车挂靠从事运输经营活动，是指为了交通营运过程中的方便，将车辆登记为某个具有运输经营权资质的经营主体名下，以该主体的名义进行运营，并由挂靠者向被挂靠主体支付一定的费用的形式。挂靠形式从事道路运输经营活动一般有三个特点：一是“四证统一”，即车辆行驶证、道路运输证、驾驶证、营业性道路运输驾驶员从业资格证上的车主、业户、单位、服务单位都统一为被挂靠主体的名称。二是挂靠机动车向被挂靠主体交纳费用。三是具有隐蔽性，虽然挂靠双方签订有关运输经营的合同或内部协议，但发生交通事故造成损害时，被侵权人无法从外观上区别挂靠机动车是否属于被挂靠主体。

实践中，以挂靠形式从事道路运输经营活动的屡见不鲜。正因为这种方式涉及多个主体且具有隐蔽性，发生交通事故后极易引发纠纷，在吸收司法解释相关规定的基础上，本条规定由挂靠人和被挂靠人承担连带责任。之所以这样规定，主要是考虑：一是被挂靠主体接受车辆挂靠，应当对该车辆有没有从事运输活动的能力进行核查和负责，从而控制风险；并且与挂靠机动车明确约定机动车发生交通事故造成损害时责任如何承担。二是在车辆挂靠时，有可能使乘客或者托运人因信赖被挂靠主体的管理能力及责任能力，而对挂靠机动车产生信赖，对这种信赖应当保护，被挂靠主体因为被信赖而有责任。三是实践中虽然有些挂靠是行政法规的强制性规定，但区分经营性挂靠与行政强制性挂靠作出不同规定，可能导致受害人举证不能，而被挂靠人事先采取各种措施以便在诉讼中提出各项证据证明自己未收取任何费用进而达到免责的目的。

第一千二百一十二条　未经允许驾驶他人机动车，发生交通事故造成损害，属于该机动车一方责任的，由机动车使用人承担赔偿责任；机动车所有人、管理人对损害的发生有过错的，承担相应的赔偿责任，但是本章另有规定的除外。

❖ 条文主旨 ❖

本条是关于未经允许驾驶他人机动车，发生交通事故造成损害时责任主体的确定。

❖ 条文解读 ❖

侵权责任法仅规定了盗窃、抢劫或者抢夺机动车发生交通事故造成损害时的责任规则。这些行为中，非法占有人均以取得机动车所有权为目的。实践中，尚存在非以取得所有权为目的而仅未经允许驾驶他人机动车，发生交通事故导致损害的情形。例如，亲朋好友有车辆的钥匙，没有告知机动车所有人的情况下驾车外出；机动车所有人将车辆送维修厂修理，修好后还没有取回时，维修厂工人擅自驾驶车辆。这些行为均不是犯罪行为，主观恶性显然较小；发生交通事故造成损害时，属于该机动车一方责任的，在承担赔偿责任方面应与盗抢机动车发生道路交通事故时有较大区别。

2012 年《最高人民法院关于审理道路交通事故损害赔偿案件适用法律若干问题的解释》第 2 条规定，未经允许驾驶他人机动车发生交通事故造成损害，当事人依照侵权责任法第 49 条的规定请求由机动车驾驶人承担赔偿责任的，人民法院应予支持。机动车所有人或者管理人有过错的，承担相应的赔偿责任，但具有侵权责任法第 52 条规定情形的除外。侵权责任法第 49 条即因租赁、借用等情形机动车所有人、管理人与使用人不是同一人时责任主体的确认；第 52 条即盗窃、抢劫或者抢夺的机动车发生交通事故造成损害是责任主体的确认。由此可见，最高人民法院的司法解释已经区分了未经允许而驾驶他人机动车发生交通事故导致损害与盗窃、抢劫或者抢夺的机动车发生交通事故造成损害的责任承担，该规定具有合理性。在吸收借鉴司法解释的基础上，本条全面规定了未经允许驾驶他人机动车，发生交通事故造成损害，属于该机动车一方责任时的责任承担问题。

理解本条需要注意：

一是未经允许驾驶他人机动车，发生交通事故造成损害，属于该机动车一方责任的，由机动车使用人承担赔偿责任。未经允许驾驶他人车辆，车主对此不知情，因此，一般不应承担侵权责任，由机动车使用人承担。

二是机动车所有人、管理人对损害的发生有过错的，承担相应的赔偿责任。此处的“对损害的发生有过错”可理解为机动车所有人、管理人没有履行一般人应有的谨慎注意义务。例如，机动车所有人将车停在路边，为图方便没有熄火即下车买东西，车上同行人在等待时闲极无聊，坐在驾驶位上操作，导致发生交通事故。这种情形下，机动车所有人是有过错的，应当在过错范围内承担相应的责任。

三是本条规定了但书，而且是仅限于“本章”另有规定的除外。该但书仅指一种情形，即本法第 1215 条第 1 款规定的“盗窃人、抢劫人或者抢夺人与机动车使用人不是同一人，发生交通事故造成损害，属于该机动车一方责任的，由盗窃人、抢劫人或者抢夺人与机动车使用人承担连带责任”。

第一千二百一十三条　机动车发生交通事故造成损害，属于该机动车一方责任的，先由承保机动车强制保险的保险人在强制保险责任限额范围内予以赔偿；不足部分，由承保机动车商业保险的保险人按照保险合同的约定予以赔偿；仍然不足或者没有投保机动车商业保险的，由侵权人赔偿。

❖ 条文主旨 ❖

本条是关于机动车发生交通事故造成损害赔偿顺序的规定。

❖ 条文解读 ❖

实践中，不少机动车既投保了机动车强制保险又投保了商业保险，当发生交通事故造成损害时，如何确定机动车强制保险与商业保险的赔偿顺序是实践中亟须解决的一个问题。侵权责任法第 49 条、第 50 条都规定了发生交通事故后属于该机动车一方责任的，由保险公司在机动车强制保险责任限额范围内予以赔偿。不足部分，由使用人或者受让人承担赔偿责任的内容。虽然分散规定了机动车强制保险赔偿，但并未规定机动车商业保险赔偿，也没有规定强制保险与商业保险的赔偿顺序，实践中发生纠纷较多，适用法律存在空白。对此，有的意见建议民法典进行规定。

在吸收司法解释和行政法规规定的基础上，本条区分三个层次作了规定：

一是先由承保机动车强制保险的保险人在强制保险责任限额范围内予以赔偿。机动车强制保险具有一定的公共政策性质，赔偿的范围比较广、赔付较为及时，其主要目的是及时、有效地救助机动车交通事故中的受害人。

二是机动车强制保险赔偿不足部分，由承保机动车商业保险的保险人根据保险合同的约定予以赔偿。机动车强制保险赔偿额度要与国民经济发展水平和消费者支付能力相适应，而且其公益性决定了赔偿额度不会太高，在一些较为严重的交通事故侵权案件中，机动车强制保险赔偿无法涵盖全部赔偿额。此时，如果机动车购买了商业保险的，根据保险合同的约定予以赔偿。目前，我国机动车商业保险种类繁多，赔付标准、范围、额度有很大不同。商业保险合同往往约定了很多免责条款，列明了许多保险人不承担赔偿的情形，在被保险人无责任或者无过错的情况下，保险人不承担赔偿责任。因此，只能根据机动车购买的保险合同的约定进行赔偿。商业保险的成立基础在于契约自由，其主要目的在于分散机动车驾驶人的事故责任风险，由投保人自愿购买。因此，在赔偿的时候，由强制保险先行赔付，不足的部分再由商业保险赔付，是符合法理的。

三是机动车商业保险赔偿仍然不足的，由侵权人赔偿。这种保险前置、侵权人托底的规定，充分体现了保险的作用和及时救济受害人，分散机动车使用人风险的目的，符合强制保险的赔偿替代性和商业保险的补充性的性质，也在最大程度上平衡了强制保险、商业保险和侵权人的责任与义务。

❖ 案例分析 ❖

2008年11月25日5时30分，被告林某驾驶套牌货车在高速公路某段行驶时，与同向行驶的被告周某驾驶的客车相撞，两车冲下路基，客车翻滚致车内乘客冯某当场死亡。经交警部门认定，货车司机林某负主要责任，客车司机周某负次要责任，乘客冯某不负事故责任。

经查，在车辆管理部门登记的真正货车，并非林某事发时驾驶的肇事货车。涉案套牌货车登记的所有人系福山公司，但实际所有人系卫某，林某仅是其雇用的司机，该货车在保险公司投保机动车第三者责任强制保险。腾飞公司系周某的雇主，但事发时周某并非履行职务，所驾驶的涉案客车在人保公司投保了机动车第三者责任强制保险。

法院经审理认为：根据本案交通事故责任认定，肇事货车司机林某负事故主要责任，而卫某作为肇事货车的实际所有人，即林某的雇主，故卫某和林某应就本案事故损失承担连带赔偿责任。保险公司承保的货车并非实际肇事货车，其对机动车号牌被肇事货车套牌一事不知情，故保险公司对本案事故不承担赔偿责任。根据交通事故责任认定，涉案客车司机周某对事故负次要责任，周某虽受雇于腾飞公司，但本案事发时周某并非在为腾飞公司履行职务，周某应对本案事故损失承担次要赔偿责任，腾飞公司对本案不承担责任。因死者冯某系车内人员，依法不适用机动车交通事故责任强制保险，故承保该客车的人保公司对本案不承担责任。另外，卫某和林某一方、周某一方虽各自应承担的责任比例有所不同，但车祸的发生系两方的共同侵权行为所致，故卫某、林某对于周某的应负责任份额和周某对于卫某、林某的应负责任份额，均应互负连带责任。

第一千二百一十四条　以买卖或者其他方式转让拼装或者已经达到报废标准的机动车，发生交通事故造成损害的，由转让人和受让人承担连带责任。

◆ 条文主旨 ◆

本条是关于以买卖或者其他方式转让拼装的或者已经达到报废标准的机动车，发生交通事故造成损害如何承担责任的规定。

◆ 条文解读 ◆

本条所称“已经达到报废标准的机动车”，包括国务院《报废汽车回收管理办法》中所指的两类报废机动车，主要是指“达到国家报废标准，或者虽未达到国家报废标准，但发动机或者底盘严重损坏，经检验不符合国家机动车运行安全技术条件”的机动车。

研制、生产机动车，需要很高的技术水平。而拼装车辆很难达到机动车应有的安全技术标准，这样的车上路行驶，会造成很大的事故隐患。根据道路交通安全法第 100 条第 1 款、第 2 款的规定，驾驶拼装的机动车或者已经达到报废标准的机动车上道路行驶的，公安机关交通管理部门应当予以收缴，强制报废。对驾驶人处 200 元以上 2000 元以下罚款，并吊销机动车驾驶证。

拼装或已经达到报废标准的机动车，由于其不能达到机动车上路行驶的安全标准，上路行驶后极易造成其他机动车、非机动车驾驶人和行人的损害。转让拼装的或者已经达到报废标准的机动车，本身即具有违法性，上路行驶又具有更大的危险性，因此，对以买卖、赠与等方式转让拼装的或者已经达到报废标准的机动车，由买卖、赠与等转让人和受让人、赠与人和受赠人承担连带责任。这样规定有利于预防并制裁转让、驾驶拼装的或者已经达到报废标准的机动车的行为，更好地保护人民群众的生命财产安全；在受害人有损害时，也可以根据本条获得较为充分的损害赔偿。

第一千二百一十五条　盗窃、抢劫或者抢夺的机动车发生交通事故造成损害的，由盗窃人、抢劫人或者抢夺人承担赔偿责任。盗窃人、抢劫人或者抢夺人与机动车使用人不是同一人，发生交通事故造成损害，属于该机动车一方责任的，由盗窃人、抢劫人或者抢夺人与机动车使用人承担连带责任。

保险人在机动车强制保险责任限额范围内垫付抢救费用的，有权向交通事故责任人追偿。

❖ 条文主旨 ❖

本条是关于盗抢等情形的机动车发生交通事故造成损害的赔偿责任主体，以及垫付抢救费用后追偿权的规定。

❖ 条文解读 ❖

机动车被盗窃、抢劫或者抢夺，也是所有人与机动车相分离的形态之一。驾驶被盗窃、抢劫或者抢夺的机动车，又是擅自驾驶中最极端的情形。

1. 在吸收司法解释规定的基础上，侵权责任法第 52 条规定，盗窃、抢劫或者抢夺的机动车发生交通事故造成损害的，由盗窃人、抢劫人或者抢夺人承担赔偿责任，没有规定机动车所有人的赔偿责任。这样规定主要考虑：一是机动车被盗窃、抢劫或抢夺后，机动车所有人丧失了对机动车的运行支配力，而这种支配力的丧失是盗抢者的违法行为造成的，又是所有人不情愿的，有时还是所有人不知悉、未预想到的。二是在机动车被盗的情形下，即使是所有人对机动车保管上的疏忽，导致机动车丢失，这也与机动车发生交通事故没有直接的因果关系。因此，应当由盗抢者承担发生交通事故后的损害赔偿责任，机动车所有人不承担赔偿责任。驾驶盗抢的机动车上道路行驶，通常会给他人的生命财产安全和公共安全带来极大的危害。由于盗抢人不是车辆的拥有者，自认为轻易可以逃脱法律的制裁，因此，常发生不遵守交通法规，任意违章，甚至漠视他人生命财产安全的情况。法律在对机动车盗抢人科以刑罚的同时，规定其民事责任，有利于保护受害人的权益，制裁此类侵权行为。

民法典侵权责任编在这方面继承了侵权责任法的规定，并且本法第 1212 条对未经允许驾驶他人机动车侵权责任作了规定，其中对“机动车所有人、管理人对损害的发生有过错的，承担相应的赔偿责任”也明确作了排除规定“本章另有规定的除外”，即是指本条规定的情形。也就是说，在未经允许驾驶他人机动车发生交通事故造成损害，属于该机动车一方责任的，如果机动车所有人、管理人对损害的发生有过错的，需要承担相应的赔偿责任。但是本条下的机动车所有人、管理人不承担责任。

2. 盗窃人、抢劫人或者抢夺人与机动车使用人不是同一人，发生交通事故造成损害，属于该机动车一方责任的，由盗窃人、抢劫人或者抢夺人与机动车使用人承担连带责任。这里规定的“机动车使用人”，指的是盗窃人、抢劫人或者抢夺人将机动车出售、出租、借用、赠送，从而实际使用该机动车的人。一般而言，驾驶机动车发生交通事故属于该机动车一方责任的，应当由机动车使用人承担赔偿责任。但是，为了惩罚盗窃人、抢劫人或者抢夺人的行为，使他们不能逃脱法律的制裁，本条规定他们需要承担连带赔偿责任。

3. 机动车被盗抢后发生交通事故造成损害，保险人在机动车强制保险责任限额范围内垫付抢救费用的，有权向交通事故责任人追偿。一般而言，机动车发生交通事故后，应当依照本法第1213条规定的顺序，首先由保险人在强制保险限额范围内承担赔偿责任。但是，驾驶人无驾驶资格、醉酒、被盗期间肇事、故意制造交通事故等行为，严重漠视他人生命财产安全，属于明显且严重的过错，对道路交通安全构成了严重威胁。为了预防和惩罚这类行为，加强对生命健康的保护，营造良好的社会氛围，及时救济受害人，驾驶人无驾驶资格、醉酒、被盗期间肇事、故意制造交通事故等情形下，应当允许强制保险的保险人在承担赔偿责任后向驾驶人追偿。在借鉴相关行政法规的基础上，本条明确规定了有上述情形的，保险人可行使追偿权。

第一千二百一十六条　机动车驾驶人发生交通事故后逃逸，该机动车参加强制保险的，由保险人在机动车强制保险责任限额范围内予以赔偿；机动车不明、该机动车未参加强制保险或者抢救费用超过机动车强制保险责任限额，需要支付被侵权人人身伤亡的抢救、丧葬等费用的，由道路交通事故社会救助基金垫付。道路交通事故社会救助基金垫付后，其管理机构有权向交通事故责任人追偿。

❖ 条文主旨 ❖

本条是关于机动车驾驶人发生交通事故后逃逸的，对受害人的救济、道路交通事故社会救助基金追偿权的规定。

❖ 条文解读 ❖

一、机动车驾驶人发生交通事故后逃逸情形下对受害人的救济

机动车肇事逃逸，是指发生道路交通事故后，道路交通事故当事人为逃避法律追究，驾驶车辆或者遗弃车辆逃离道路交通事故现场的行为。

第一，机动车驾驶人发生交通事故后逃逸，该机动车参加强制保险的，由保险人在机动车强制保险责任限额范围内予以赔偿。这一规定表明，发生交通事故的机动车参加了机动车强制保险，并且发生交通事故后能够确定机动车的，由保险人在机动车强制保险责任限额范围内予以赔偿。

第二，机动车不明、该机动车未参加强制保险或者抢救费用超过机动车强制保险责任限额，需要支付被侵权人人身伤亡的抢救、丧葬等费用的，由道路交通事故社会救助基金垫付。

机动车不明，如机动车驾驶人驾车逃逸，一时难以查明是哪一辆机动车肇事。需要明确的是，法律规定的是机动车不明，而不是驾驶人不明。因为本条规定的前提是“机动车驾驶人发生交通事故后逃逸”，驾驶人已经不明了，此时如果交通事故现场有机动车，可以通过机动车号牌、发动机编号的信息反查机动车驾驶人、所有人或者管理人，从而确定肇事者。但是，机动车也不明的情况下，很难确定肇事者，这才需要道路交通事故社会救助基金垫付费用。

机动车未参加强制保险，因此无法通过强制保险赔偿被侵权的损失，只能由道路交通事故社会救助基金垫付费用。

抢救费用超过机动车强制责任保险责任限额的，根据道路交通安全法的规定，由道路交通事故社会救助基金先行垫付超过限额部分的费用。

二、道路交通事故社会救助基金的追偿权

道路交通事故社会救助基金垫付后，其管理机构有权向交通事故责任人追偿。为体现公平原则，引导机动车参加强制保险，本条规定，道路交通事故社会救助基金垫付被侵权人人身伤亡的抢救、丧葬等费用后，其管理机构有权向逃逸的机动车驾驶人、应当购买而未购买强制责任保险的机动车所有人或者管理人等交通事故责任人追偿。道路交通安全法和《机动车交通事故责任强制保险条例》也作了同样的规定。

第一千二百一十七条　非营运机动车发生交通事故造成无偿搭乘人损害，属于该机动车一方责任的，应当减轻其赔偿责任，但是机动车使用人有故意或者重大过失的除外。

❖ 条文主旨 ❖

本条是关于好意同乘情形下的责任承担的规定。

❖ 条文解读 ❖

关于好意同乘的概念，学界主要存在三种观点：

第一种观点是“好意施惠行为”说，认为好意人是基于善意的愿望，同意同乘人免费乘车的请求。好意同乘关系中只有两方主体，一方是提供搭乘车辆的施惠人，另一方是接受施惠的搭乘人。并且好意同乘中的车辆必须是不具备营运资质的车辆，在经过施惠人的同意后，搭乘人才可免费搭乘，施惠人没有营利目的，完全出于好意，让搭乘人纯粹受益而不需要付出相应的对价。

第二种观点是“同乘致损”说，认为好意同乘中的车辆可以是营运车辆也可以是非营运车辆，但是否构成好意同乘决

定于搭乘行为本身是否具有无偿性，如果是有偿搭乘则不得认定好意同乘，而是属于一般的民事客运合同。如果是搭乘人仅仅是基于答谢而馈赠礼物或者是负担油费，仍然属于好意同乘。

第三种观点是“纯无偿搭乘”说，认为好意同乘中不能有给付行为的发生，即使是搭乘人出于谢意或者其他目的给予相应的对价，都不应被认定为好意同乘。

对本条规定可以从以下几个方面进行把握：

1. 是否适用于营运机动车。好意同乘，主要是指非营运机动车的驾驶人基于亲情或者友情在上下班、出游途中无偿搭载自己的亲朋好友、邻居同事的情形，生活中老百姓称之为“搭便车”。好意同乘可以缓解交通压力、实现资源最大化利用、节约资源等。但是，实践中，就好意同乘引发的损害赔偿问题，司法裁判结果不一，引发了较大争议。对于好意同乘过程中造成损害的责任承担的规定，既要保护受害者的权益，也要尊重我国助人为乐的传统美德，保护民事主体之间的信赖关系，为解决民事纠纷设定切实可行的规则。营运性车辆搭载乘客，双方之间形成客运合同关系，机动车使用人应当有较高的注意义务，按照客运合同的目的，将乘客安全运送至目的地。如果发生交通事故造成损害，属于该机动车一方责任的，乘客既可以依照合同请求机动车驾驶人承担违约责任，也可以依照侵权行为请求机动车驾驶人承担赔偿责任，不存在一般性免责或者减轻责任的需要。因此，好意同乘不适用于营运机动车。但是，出租汽车在上班前或者下班后等非营运的时间，免费搭乘邻居、朋友的，可以参照适用本条规定。2019 年 12 月的民法典草案该条曾规定“非营运机动车发生交通事故造成无偿搭乘人损害”，对此有的意见提出，好意同乘与否并不体现在车辆本身，而是体现在车辆的运营状态，草案的规定不易读出这一层意思。我们研究认为，“非营运机动车”包括“处于非营运状态的营运机动车”这一情形。

2. 减轻责任的理由。我们研究认为：一是好意同乘既然属于好意，如果不减轻被搭乘人的责任，有违民事活动应尊重公序良俗、社会公德的原则。二是出现交通事故后，往往驾驶人自己受伤、车辆受损，于此情况下还要求驾驶人对无偿乘客尽到严格的注意义务，完全赔偿无偿乘客损失，有些苛求。这样会导致机动车驾驶人拒绝无偿搭乘，亲戚、朋友、同事概不例外，造成社会的冷漠，世态炎凉。这不符合社会目的，也不符合公序良俗。为了维护社会公德，弘扬社会公平正义，为了环保，减少汽车数量，减少空气污染，好意同乘应当是我们社会赞许并值得提倡的互助行为。实践中，被搭乘人多数是出于好心而做错了事，如果让做好事的人反而得不到好的结果，这其实与“公序良俗”原则相违背。

3. 只能减轻而不能免除机动车一方的责任。好意同乘者的搭乘行为并不意味着其自甘冒险，机动车使用人对好意同乘者的注意义务不因为无偿而完全不存在，只是不同于无偿客运合同或者无偿委托合同中注意义务。好意同乘中，机动车使用人的责任适用过错责任原则。同时，也应明确区分，好意同乘不同于网络顺风车，网络顺风车的合乘者分摊部分合乘出行成本属于共享出行方式，是有偿的、营运性的。因此，好意同乘中发生交通事故造成无偿搭乘人损害，属于该机动车一方责任的，应当减轻其赔偿责任，却不可以完全免除，在鼓励人际友善利他与承担法律责任方面寻求平衡。

4. 对“无偿搭乘人”减轻赔偿责任。本章规定的侵权责任，除了本条以外均是对机动车外人员或者财产的责任，只有本条规定，是对机动车内责任分配的规定。根据本条，减轻的是对“无偿搭乘人”的赔偿责任。至于对机动车外人员或者财产的赔偿责任的承担，适用本法和其他法律的一般规定。

5. 好意同乘中，如果机动车使用人有故意或者重大过失的，不减轻其对无偿搭乘人的赔偿责任。

第六章 医疗损害责任

本章共十一条，主要规定了医疗损害责任归责原则，医疗机构说明义务和患者知情同意权，紧急情况下实施医疗措施，医务人员过错造成损害由医疗机构赔偿，推定医疗机构有过错的情形，因药品、消毒产品、医疗器械的缺陷输入不合格的血液造成患者损害的损害赔偿请求权，医疗机构不承担赔偿责任的情形，医疗机构对病历的义务及患者对病历的权利，患者隐私和个人信息保护，医疗机构及其医务人员不得违反诊疗规范实施不必要检查，维护医疗机构及其医务人员合法权益等内容。

本章采用了“医疗损害责任”的章名，这里的“损害”指的是依照本法规定，医疗机构应当承担侵权责任的患者损害，不包括实施正常的医疗行为无法避免的患者肌体损伤或者功能障碍。

第一千二百一十八条　患者在诊疗活动中受到损害，医疗机构或者其医务人员有过错的，由医疗机构承担赔偿责任。

❖ 条文主旨 ❖

本条是关于医疗损害责任归责原则的规定。

❖ 条文解读 ❖

在侵权责任法立法过程中，对医疗损害责任采用何种归责原则，争议较大。疾病的发生有患者原因，疾病的治疗需要患者配合，在诊疗纠纷中不能适用无过错责任；一律实行过错推定，将助长保守医疗，不利于医学科学进步。因此，对诊疗活动引起的纠纷，宜适用一般过错责任。医疗机构及其医务人员有过错的，医疗机构才承担赔偿责任，原则上由原告承担过错的举证责任。只在特殊情况下如医务人员有违规治疗行为或者隐匿、拒绝提供与纠纷有关的医学资料，才适用过错推定责任原则，发生举证责任倒置。患者和医院之间信息不对称问题，应当通过信息交流和信息公开等办法解决。最终，侵权责任法对医疗损害责任采用了过错责任归责原则。民法典侵权责任编继承了这一规定。

侵权责任法第 54 条规定，患者在诊疗活动中受到损害，医疗机构及其医务人员有过错的，由医疗机构承担赔偿责任。在民法典侵权责任编编纂过程中，有的提出，医务人员是医疗机构的工作人员，依照本法第 1191 条第 1 款“用人单位的工作人员因执行工作任务造成他人损害的，由用人单位承担侵权责任”的规定，医疗机构有过错的，由医疗机构承担赔偿责任自不待言；医务人员有过错的，也应当由医疗机构承担赔偿责任。因此，建议将侵权责任法第 54 条中的“及其”修改为“或者”。经研究，我们采纳了这一意见。

还有一点需要说明，患者在诊疗活动中受到损害，除了医疗机构及其医务人员有过错的条件外，医疗机构或者其医务人员的过错还要与患者的损害具有因果关系，医疗机构才承担赔偿责任。

第一千二百一十九条　医务人员在诊疗活动中应当向患者说明病情和医疗措施。需要实施手术、特殊检查、特殊治疗的，医务人员应当及时向患者具体说明医疗风险、替代医疗方案等情况，并取得其明确同意；

不能或者不宜向患者说明的，应当向患者的近亲属说明，并取得其明确同意。

医务人员未尽到前款义务，造成患者损害的，医疗机构应当承担赔偿责任。

❖ 条文主旨 ❖

本条是关于医疗机构的说明义务和患者知情同意权的规定。

❖ 条文解读 ❖

现行法律、行政法规、规章中规定了有关医务人员告知说明义务和患者知情同意权的内容，这些规定普遍为医疗机构的诊疗活动所遵循，并取得了很好的实践效果。本条借鉴、吸收了这些现有规定。本条规定在侵权责任法第 55 条的基础上略作修改完善。侵权责任法第 55 条第 1 款规定，医务人员在诊疗活动中应当向患者说明病情和医疗措施。需要实施手术、特殊检查、特殊治疗的，医务人员应当及时向患者说明医疗风险、替代医疗方案等情况，并取得其书面同意；不宜向患者说明的，应当向患者的近亲属说明，并取得其书面同意。在民法典侵权责任编编纂过程中，有的提出：一是医务人员“说明病情和医疗措施”应当具体、清楚，以便患者能够作出决定。二是近年来发生一些医患纠纷，很重要的矛盾点是医疗机构要求患者或者其近亲属签署“书面”同意，一旦无法取得，往往不敢或者不愿意开展紧急措施，从而延误了最佳治疗时机。侵权责任法等法律、法规要求的“书面”同意，主要目的应当是要求医患双方对病情和医疗措施严肃对待、谨慎决策，对各自的行为负责。如果片面追求“书面”形式而延误治疗，实乃舍本逐末。因此，建议将“书面”同意修改为“明确”

同意。至于同意的形式，可结合诊疗规范、操作经验等综合认定。三是“不宜向患者说明”是否包括“不能向患者说明”的情形不清楚，在实践中常常引发争议，应当予以明确。在患者昏迷或者由于生理、精神状态无法作出有效判断时，属于“不能”向患者说明的情形。因此，建议将“不宜向患者说明”修改为“不能或者不宜向患者说明”。我们研究后认为，这些建议均有道理，遂采纳。

本条第1款规定，医务人员在诊疗活动中应当向患者说明病情和医疗措施。这是医务人员在诊疗活动中一般应尽的义务。除此之外，如果需要实施手术、特殊检查、特殊治疗的，还应当及时向患者说明医疗风险、替代医疗方案等情况，并取得其明确同意；如果向患者说明将造成患者悲观、恐惧、心理负担沉重，不利于治疗的，就不能或者不宜向患者说明，这种情况下医务人员应当向患者的近亲属说明，并取得其明确同意。侵权责任法第55条第1款即规定了“不宜向患者说明的，应当向患者的近亲属说明”的义务。在民法典编纂过程中，一直有意见提出，如果患者没有近亲属的怎么办，建议将“不宜向患者说明的，应当向患者的近亲属说明”修改为“不宜向患者说明的，应当向患者的近亲属或者监护人说明”。对此应当明确，本条欲解决的问题，不是在法律逻辑上穷尽或者对应患者近亲属或者监护人，而是在于当出现“需要实施手术、特殊检查、特殊治疗的”情况时，医务人员应当解释和说明这些情况，使得照顾患者的有关人员有相应的准备。一般而言，照顾患者的是其近亲属。对于没有近亲属的，例如，居委会或者民政部门做监护人的情形，如何说明、如何征得其明确同意，往往与患者近亲属是不一样的。

本条第2款规定，医务人员未尽到前款义务，造成患者损害的，医疗机构应当承担赔偿责任。这里需要说明一点，不是说医务人员尽到了本条第 1 款规定的义务，在后续的诊疗活动中造成患者损害的，医疗机构就可以不承担赔偿责任了。本法第 1221 条规定，医务人员在诊疗活动中未尽到与当时的医疗水平相应的诊疗义务，造成患者损害的，医疗机构应当承担赔偿责任。

第一千二百二十条　因抢救生命垂危的患者等紧急情况，不能取得患者或者其近亲属意见的，经医疗机构负责人或者授权的负责人批准，可以立即实施相应的医疗措施。

❖ 条文主旨 ❖

本条是关于紧急情况下实施医疗措施的规定。

❖ 条文解读 ❖

本法前一条规定了医疗机构的说明义务和患者的知情同意权，本条是针对抢救危急患者等紧急情况所作的特殊规定。《医疗机构管理条例》第 33 条规定，医疗机构施行手术、特殊检查或者特殊治疗时，必须征得患者同意，并应当取得其家属或者关系人同意并签字；无法取得患者意见时，应当取得家属或者关系人同意并签字；无法取得患者意见又无家属或者关系人在场，或者遇到其他特殊情况时，经治医师应当提出医疗处置方案，在取得医疗机构负责人或者被授权负责人员的批准后实施。本法与《医疗机构管理条例》的规定在本质上是一致的。

本条规定的“不能取得患者或者其近亲属意见的”，主要是指患者不能表达意志，也无近亲属陪伴，又联系不到近亲属的情况。因此，不包括患者或者其近亲属明确表示拒绝采取医疗措施的情况。对患者或者其近亲属明确表示拒绝采取医疗措施的，如何处理，能否开展紧急医疗救治，侵权责任法立法过程中就有过争论，分歧较大。

在民法典侵权责任编编纂过程中，有的提出，对实践中近亲属的意见明显不利于患者时，医疗机构是否有权采取相应医疗措施，法律没有规定。为了避免产生争议，建议在本条“不能取得患者或者其近亲属意见的”后增加规定“或者近亲属的意见明显不利于患者的”这一表述。我们经过反复慎重研究后认为，在抢救生命垂危的患者等紧急情况下，“不能取得患者或者其近亲属意见的”情况是多种多样、比较复杂的。有的情况是近亲属的决策对患者不利；有的情况是患者病重，家庭负担较重，患者或者其近亲属不愿意继续治疗；还有的情况是，在患者意识清醒时曾经立下遗嘱或者对近亲属明确表示，生命临终要有尊严，不想遭受各种治疗上的痛苦；此外，肯定还有其他一些情形。因此，如果一概规定医疗机构可以实施强行治疗，不但违反了意思自治原则，同时对患者及其家庭也不一定有益。故此，本法没有采纳这一建议。

第一千二百二十一条　医务人员在诊疗活动中未尽到与当时的医疗水平相应的诊疗义务，造成患者损害的，医疗机构应当承担赔偿责任。

❖ 条文主旨 ❖

本条是关于医务人员过错造成损害由医疗机构赔偿的规定。

❖ 条文解读 ❖

本法第1218条规定，患者在诊疗活动中受到损害，医疗机构或者其医务人员有过错的，由医疗机构承担赔偿责任。民法上的过错包括故意和过失，故意容易理解，如何界定过失是本条的主要着眼点。“尽到与当时的医疗水平相应的诊疗义务”体现了侵权责任法上的重要概念，即注意义务。

在我国侵权责任法律中，依照本条规定，医务人员的注意义务就是应当尽到与当时的医疗水平相应的诊疗义务。尽到诊疗义务的一个重要方面，是诊疗行为符合法律、行政法规、规章以及诊疗规范的有关要求。需要说明的是，医务人员的注意义务并非与诊疗行为合法合规完全等同，这是两个概念。医务人员应当具有的诊疗水平，并非完全能够被法律、行政法规、规章以及诊疗规范的有关要求所涵盖。医务人员完全遵守了具体的操作规程，仍然有可能作出事后证明是错误的判断。医疗行为具有未知性、特异性和专业性等特点，不能仅凭事后证明错误这一点来认定医务人员存在诊疗过错，不能唯结果论；关键要看是不是其他的医务人员一般都不会犯这种错误。因此，本条规定的诊疗义务可以理解为一般情况下医务人员可以尽到的，通过谨慎的作为或者不作为避免患者受到损害的义务。

在民法典侵权责任编编纂过程中，对本条的意见主要集中在，建议将“当时的医疗水平”修改为“当时、当地、不同资质的医疗水平”。类似的建议在侵权责任法立法时曾经讨论过。侵权责任法立法时，草案曾经规定，“判断医务人员注意义务时，应当适当考虑地区、医疗机构资质、医务人员资质等因素”。后来考虑到诊疗行为的实际情况很复杂，删去了这一规定。我们认为，社会公众对本条的立法目的可能存在一定的误读。诚然，我国幅员辽阔、各地区之间的医疗资源分布不均衡，各地区之间的医疗水平存在差异，这一点应当承认。本条的立法目的，在于医务人员造成患者损害发生医患纠纷时，具体地认定侵权责任的问题。换言之，承担侵权责任需要满足四个要件：医务人员实施了未尽到诊疗义务的行为，医务人员有过错，患者有损害，行为与损害之间有因果关系，本条就是解决医务人员过错的。理解了这一点，就能理解本条的主旨：医务人员的诊疗行为有行政法规、规章和医疗行业的操作规程，这些应当普遍遵守，全国皆准。诊疗行为是否有过错，不因医疗机构处在何地、医疗机构资质如何而不同。同样的手术，不能在北京这样操作就没有过错，在西藏操作就有过错；不能在三级医院操作就没有过错，在二级医院操作就有过错。因此，在探究医务人员是否尽到诊疗义务时，不宜考虑地区、医疗机构资质的差异。同时，因为医疗纠纷解决的时间可能较长，特别是进入诉讼之后，历经一审、二审乃至再审，可能需要数年的时间。数年间诊疗水平肯定发生了进步，判断是否尽到诊疗义务，应当以诊疗行为发生时的诊疗水平为参照才公平合理。

医务人员有过错造成患者损害的，由医疗机构应当承担赔偿责任，这与本法第 1218 条的规定是一致的。

第一千二百二十二条　患者在诊疗活动中受到损害，有下列情形之一的，推定医疗机构有过错：

（一）违反法律、行政法规、规章以及其他有关诊疗规范的规定；

（二）隐匿或者拒绝提供与纠纷有关的病历资料；

（三）遗失、伪造、篡改或者违法销毁病历资料。

❖ 条文主旨 ❖

本条是关于推定医疗机构有过错的情形的规定。

❖ 条文解读 ❖

本法第 1218 条规定，患者在诊疗活动中受到损害，医疗机构或者其医务人员有过错的，由医疗机构承担赔偿责任。这表明医疗损害一般适用过错责任归责原则。本条即规定了例外情形：在本条规定情况下，推定医疗机构有过错。

本条与侵权责任法相比，有三处变化：

一是侵权责任法第58条规定的是“患者有损害，因下列情形之一的，推定医疗机构有过错”。考虑到侵权责任法第54条和本法第1218条均规定“患者在诊疗活动中受到损害”，为了明确本条的适用情形，经研究将侵权责任法第58条的相关表述修改为“患者在诊疗活动中受到损害”，以使得条文之间避免矛盾、衔接紧密。

二是侵权责任法第58条规定的是“因”下列情形之一的……本法编纂过程中，有的提出，不是“因”本条列举的三种情形，推定医疗机构有过错，应当是医疗机构“有”这三种情形之一的，推定其有过错。经研究，我们采纳这一建议，将“因”修改为“有”。

三是侵权责任法第58条第3项规定了“伪造、篡改或者销毁”病历资料三种行为。《医疗机构病历管理规定》（2013年版）第29条规定：门（急）诊病历由医疗机构保管的，保存时间自患者最后一次就诊之日起不少于15年；住院病历保存时间自患者最后一次住院出院之日起不少于30年。也就是说，病例的保管有明确的时间要求。实践中医疗机构不按照规定保管病例，或者谎称病例已经遗失而拒不提供的，应当推定为医疗机构有过错。因此，本条第3款将“销毁病历资料”修改为“违法销毁病例资料”，并增加了“遗失”的情形。

本条规定，患者在诊疗活动中受到损害，有下列情形之一的，推定医疗机构有过错，并非当然认定医疗机构有过错。也就是说，医疗机构可以提出反证证明自己没有过错。本条第1项规定的违反法律、行政法规、规章以及其他有关诊疗规范的规定，是医疗机构存在过错的表面证据，并且是一种很强的表面证据，因此，本条规定这种情形下推定存在过错。但医务人员有过错与违反法律、行政法规、规章以及诊疗规范的规定毕竟不是等同的概念。例如，遇有抢救危急患者等特殊情况，医务人员可能采取不太合规范的行为，但如果证明在当时情况下该行为是合理的，也达到了抢救的目的，就可以认定医疗机构没有过错。

本条第 2 项和第 3 项规定的情形：一方面反映了医疗机构的恶意；另一方面使患者难以取得与医疗纠纷有关的证据资料，这时再让患者举证已不合理。因此，推定医疗机构有过错。

第一千二百二十三条　因药品、消毒产品、医疗器械的缺陷，或者输入不合格的血液造成患者损害的，患者可以向药品上市许可持有人、生产者、血液提供机构请求赔偿，也可以向医疗机构请求赔偿。患者向医疗机构请求赔偿的，医疗机构赔偿后，有权向负有责任的药品上市许可持有人、生产者、血液提供机构追偿。

❖ 条文主旨 ❖

本条是关于因药品、消毒产品、医疗器械的缺陷输入不合格的血液造成患者损害的损害赔偿请求权的规定。

❖ 条文解读 ❖

对药品、消毒产品、医疗器械等概念，法律法规中均有定义。2019 年修订的药品管理法规定了药品上市许可持有人制度。对药品上市许可持有人的责任，药品管理法第 144 条作了规定。因此，本法为了与药品管理法的最新规定相衔接，在侵权责任法的基础上增加了药品上市许可持有人责任的规定。

药品、消毒产品、医疗器械、输入的血液都属于本法规定的产品。因产品存在缺陷造成损害的，可以依照“产品责任”一章的规定确定请求赔偿的主体。之所以规定医疗机构，系侵权责任法立法过程中了解到，许多患者因药品、消毒产品、医疗器械的缺陷，或者输入不合格的血液受到损害后，都有被相互推诿，求偿困难的经历。当时由于法律缺乏明确的规定，患者在这方面寻求司法保护的效果也不理想。侵权责任法考虑到当时的医疗管理体系情况，患者使用药品、消毒产品、医疗器械或者输入的血液绝大多数都是在医院进行的。对输入不合格的血液，医疗机构因过错致使患者受到输血损害的，应当承担侵权责任；无过错输血造成患者损害的，因医疗机构与其他销售者相比，更具专业性，对于血液和血液制品，医疗机构都应负有最终的把关责任，这种责任关系着患者的生死存亡，作为专业机构和专业人员，医院和医生有能力与责任对血液和血液制品进行鉴别，而患者比一般消费者而言，在专业性方面更处于劣势，医疗机构的责任不应当比一般销售者的责任更低。因此，也应当承担赔偿责任。所以，为了更好地维护患者的权益，便利患者受到损害后主张权利，侵权责任法第 59 条明确规定“患者可以向生产者或者血液提供机构请求赔偿，也可以向医疗机构请求赔偿”。同时规定，如果患者向医疗机构请求赔偿，医疗机构赔偿后，有权向负有责任的生产者或者血液提供机构追偿。本法继承了侵权责任法的规定，结合药品管理法对药品上市许可持有人的规定，作了必要的补充完善。

本法编纂过程中，有的提出，随着我国医药卫生体制改革，医疗机构仅是医疗用品的使用单位，而不应视为经营者。建议在“生产者”后增加“经营者”。有的建议将“患者可以向药品上市许可持有人、生产者、血液提供机构请求赔偿，也可以向医疗机构请求赔偿”修改为“患者可以向药品上市许可持有人、生产者、血液提供机构、医疗机构请求共同赔偿”，即列为共同被告，理由是实践中医疗机构承担的赔偿费用太高，追偿时有的生产者、经营者已经破产，只能自己承担相关费用。经反复研究后我们认为，一是本条是产品责任在医疗损害责任领域的细化与强调，是为在患者遭受损失时给予明确的、直接的法律指引。医疗机构使用了缺陷医疗产品或者不合格血液制品，患者面对的是医疗机构，产品上写明的是生产者，并不能知道谁是经营者。因此，本条并没有规定经营者。当然，对经营者并不是不能追责。依照本法第 1203 条的规定，缺陷医疗产品或者不合格血液制品也属于产品，当然可以依据这一条的规定追究经营者的责任。二是本条的法理基础是给予患者两种选择权，是给患者多一条救济的渠道；同时也赋予医疗机构的追偿权，向真正的责任人进行追偿。

第一千二百二十四条　患者在诊疗活动中受到损害，有下列情形之一的，医疗机构不承担赔偿责任：

（一）患者或者其近亲属不配合医疗机构进行符合诊疗规范的诊疗；

（二）医务人员在抢救生命垂危的患者等紧急情况下已经尽到合理诊疗义务；

（三）限于当时的医疗水平难以诊疗。

前款第一项情形中，医疗机构或者其医务人员也有过错的，应当承担相应的赔偿责任。

❖ 条文主旨 ❖

本条是关于医疗机构不承担赔偿责任的情形的规定。

❖ 条文解读 ❖

本条与侵权责任法相比，有三处变化：

一是侵权责任法第 60 条规定的是“患者有损害，因下列情形之一的，医疗机构不承担赔偿责任”。考虑到侵权责任法第 54 条和本法第 1218 条、第 1222 条均规定“患者在诊疗活动中受到损害”，为了明确本条的适用情形，经研究将侵权责任法第 60 条的相关表述修改为“患者在诊疗活动中受到损害”，以使得条文之间避免矛盾、衔接紧密。

二是侵权责任法第 58 条规定的是“因”下列情形之一的……本法编纂过程中，有的提出，不是“因”本条列举的三种情形，医疗机构才不承担赔偿责任；应当是医疗机构“有”这三种情形之一的，不承担赔偿责任。经研究，我们采纳这一建议，将“因”修改为“有”。

三是与本法第 1218 条的表述保持一致，将“医疗机构及其医务人员”修改为“医疗机构或者其医务人员”。

侵权责任编第一章规定了一般情况下侵权责任的免责和减责情形。例如，本法第 1174 条规定，损害是因受害人故意造成的，行为人不承担责任。本法第 1175 条规定，损害是因第三人造成的，第三人应当承担侵权责任。这些规定对于医疗损害责任也是适用的。除了上述规定，鉴于医疗损害责任的特殊性，本条规定了三种医疗机构不承担责任的情形。

1. 患者或者其近亲属不配合医疗机构进行符合诊疗规范的诊疗。因患者一方不配合医疗机构进行符合诊疗规范的诊疗而导致患者损害的，是否可以完全免除医疗机构的赔偿责任，不能一概而论。医疗损害责任的归责原则是过错责任，医务人员是否合理地履行了说明义务及相应的诊疗义务，这是医疗机构最终是否承担责任的基础。因此，尽管有患者或者其近亲属不配合医疗机构进行符合诊疗规范的诊疗行为，如果医疗机构或者其医务人员也有过错的，医疗机构仍应对患者的损害承担相应的责任；反之，若医务人员已经尽到相应义务，患者的损害是因患者或者其近亲属不配合的行为所致，则医疗机构对此不应当承担赔偿责任。

2. 医务人员在抢救生命垂危的患者等紧急情况下已经尽到合理诊疗义务。一是抢救生命垂危的患者等紧急情况。对患者的紧急救治是医疗机构及其医务人员的职责之一。紧急性可以概括为两类：一是时间上的紧急性，它是指医师的诊疗时间非常短暂，在技术上不可能作出十分全面的考虑及安排；二是事项上的紧急性，它是指采取何种治疗措施直接关系到患者的生死存亡需要医师作出紧急性的决断。判断是否构成紧急情况，除了依据法律、法规和规章的规定外，还需要考虑患者的生命健康受到伤病急剧恶化的威胁，患者生命受到的威胁是正在发生和实际存在的，不立即采取紧急救治措施必然导致患者死亡的后果。

在理解本条第 2 项的内容时，必须同《医疗事故处理条例》的规定区别开来。《医疗事故处理条例》第 33 条第 1 项解决是否构成医疗事故的问题；本项解决是否承担赔偿责任的问题。

3. 限于当时的医疗水平难以诊疗的。医疗行为具有高技术性、高风险性、复杂性以及不可控因素，还有很多未知领域需要探索。有时，医疗结果具有不确定性和不可预见性。因此，法律对医务人员采取的诊疗行为是否存在过错的判断，只能基于当时的医学科学本身的发展，即是否尽到与当时的医疗水平相应的诊疗义务，尽到该项义务的，就视为医疗机构及其医务人员没有过错，对于患者的损害不承担赔偿责任。

需要特别说明的问题：一是医疗机构及其医务人员对患者进行诊疗，并不负有保证治愈的义务。二是本条规定的几项免责事由，并不是单纯向医方利益倾斜的表现，而是考虑到广大患者利益以及整个医疗行业健康发展的需要在法律制度上所作的平衡。对医疗机构的责任，如果法律规定得过于严格，可能会导致医务人员在诊疗活动中大量采取保守性甚至防御性治疗措施，对于存在风险的治疗方案畏首畏尾，最终牺牲的还是广大患者的利益。法律在制度上为医务人员在医学科学技术的探索和创新上提供保障，也是最终为广大患者利益服务的需要。

第一千二百二十五条　医疗机构及其医务人员应当按照规定填写并妥善保管住院志、医嘱单、检验报告、手术及麻醉记录、病理资料、护理记录等病历资料。

患者要求查阅、复制前款规定的病历资料的，医疗机构应当及时提供。

❖ 条文主旨 ❖

本条是关于医疗机构对病历的义务及患者对病历的权利的规定。

❖ 条文解读 ❖

病历资料在发生医患纠纷时是医疗侵权诉讼中极为关键的证据，必须在合理的限度内赋予患者查阅和复制这类资料的权利，以平衡双方在举证责任能力上的悬殊，侵权责任法第 61 条对此作了规定。

在民法典侵权责任编编纂过程中，有的提出，实践中有些医疗机构以种种借口拖延向患者提供病例资料的时间，一是激化了医患双方的矛盾；二是导致患者提供证据不能，建议对医院向患者提供病历资料作时限方面的要求。我们研究认为，强调医疗机构履行提供病例资料义务的时限是必要的，但是究竟规定多长时间合适，还要考虑病例资料数量的多少、形成时间、病情等情况，以及相关诊疗规范、不同医疗机构习惯做法的差别。因此，民法典中较难作统一规定，可原则性提出要求和上位法依据，由有关行政法规规章、诊疗规范详细规定。因此，本条将侵权责任法第 61 条第 2 款“医疗机构应当提供”的规定修改为“医疗机构应当及时提供”。

一、“病历资料”的含义和范围

《医疗机构病历管理规定》（2013 年版）第 19 条作了规定。这一版本的《医疗机构病历管理规定》（2013 年版）将“医疗费用”从病历资料中删除，因此，本条在侵权责任法的基础上相应删除了“医疗费用”。

二、患者查阅、复制权利的保障和行使

1. 查阅、复制权利的保障。对于诊疗活动中产生的病历资料，必须在公平、合理的限度内保障患者一方的查阅和复制权利。《医疗纠纷预防和处理条例》第 16 条第 2 款作了详细规定。

2. 查阅、复制权利的行使主体。患者本人当然是行使这一权利的主体。除患者本人外，《医疗纠纷预防和处理条例》第 16 条第 3 款、第 17 条规定了可以查阅、复制的其他主体。

3. 医疗机构向患者提供查阅、复制病历资料的范围。《医疗机构病历管理规定》（2013 年版）作了明确和具体的规定。

4. 拒绝提供相关病历资料的法律后果。在民事责任上，依照本法第 1222 条第 2 项的规定，患者在诊疗活动中受到损害，医疗机构隐匿或者拒绝提供与纠纷有关的病历资料的，推定医疗机构有过错。在推定过错的情况下，如果医疗机构没有相反证明，则“推定”的过错将被“认定”为过错，医疗机构将承担不利的法律后果。

第一千二百二十六条　医疗机构及其医务人员应当对患者的隐私和个人信息保密。泄露患者的隐私和个人信息，或者未经患者同意公开其病历资料的，应当承担侵权责任。

❖ 条文主旨 ❖

本条是关于患者隐私和个人信息保护的规定。

❖ 条文解读 ❖

本法总则编第五章民事权利规定了隐私权和个人信息，人格权编第六章详细规定了隐私权和个人信息的保护的内容。基于医患关系的特殊性以及医患纠纷中的现实矛盾，本条就医疗领域的隐私和个人信息保护作了专门规定。

正确理解本条的规定，需要从以下几个问题把握：

一、医疗机构及其医务人员侵害患者隐私和个人信息的表现形式

医务人员在其执业活动中极易掌握患者的隐私和个人信息。医疗机构及其医务人员侵犯患者隐私权和个人信息的情况可大体分为两种：一是泄露患者的隐私和个人信息；二是未经患者同意公开其医学文书及有关资料。

二、关于承担侵权责任的条件

侵权责任法第62条规定，无论是泄露患者隐私和个人信息，还是未经患者同意公开医学文书及有关资料，只有在造成患者损害的情况下，医疗机构才承担侵权责任。在民法典侵权责任编编纂过程中，有的提出，医疗机构及其医务人员泄露患者的隐私和个人信息，或者未经患者同意公开其病历资料是一种较为严重的侵权行为，有可能对患者的生活、工作和学习造成重大影响。为遏制这种行为，加强对诊疗活动中自然人隐私和个人信息的保护，法律应当明确规定，无论该行为对患者是否造成损害，医疗机构及其医务人员都应当承担侵权责任。经研究，我们采纳了该意见，删去侵权责任法第62条的“造成患者损害”才承担侵权责任的规定。

第一千二百二十七条　医疗机构及其医务人员不得违反诊疗规范实施不必要的检查。

❖ 条文主旨 ❖

本条是关于医疗机构及其医务人员不得违反诊疗规范实施不必要的检查的规定。

❖ 条文解读 ❖

本条所针对的“不必要的检查行为”是社会上比较关注的“过度检查”问题。侵权责任法起草过程中，曾经使用了“过度检查”的表述。但是，有意见认为，“过度检查”非法律用语，并且何为“过度检查”，含义不明确，难以判断，建议删除。但也有意见认为，“过度检查”的现象当前确实存在，不仅给患者造成不必要的经济负担，有的过度检查甚至对患者身体带来不良影响。因此，为了维护患者的合法权益，对该问题作出禁止性规范是必要的。还有意见认为，不仅应当对“过度检查”作出禁止性规范，还应当规定其法律后果，如医疗机构应当退回不必要诊疗的费用，造成患者损害的，还应当承担赔偿责任。也有不同意见认为，在何为“过度检查”不明确的情况下，退费问题难以操作，同时，建议以“不必要的检查”代替“过度检查”的表述，并进一步明确“不必要的检查”的判断标准。在对各方意见进行综合考量的基础上，侵权责任法第63条规定，医疗机构及其医务人员不得违反诊疗规范实施不必要的检查。民法典侵权责任编继承了侵权责任法的规定，判断“检查”是否为“不必要”，标准是是否符合诊疗规范即诊疗需求。

不必要的检查，一般是指由医疗机构提供的超出患者个体和社会保健实践需求的医疗检查服务，医学伦理学界把它称为“过度检查”，具有以下特征：（1）为诊疗疾病所采取的检查手段超出疾病诊疗的基本需求，不符合疾病的规律与特点。（2）采用非“金标准”的诊疗手段，所谓“金标准”，是指当前临床医学界公认的诊断疾病的最可靠方法。较为常用的“金标准”有活检、手术发现、微生物培养、特殊检查和影像诊断，以及长期随访的结果等。（3）费用超出与疾病对基本诊疗需求，是无关的过度消费。有的意见提出，近年来，公立医院公益性质淡化，有过分追求经济利益倾向。由于政府投入不足，不少公立医院运行主要靠向患者收费，出现过分依赖市场的导向。有人错误地认为医疗改革就是赚钱，把医疗引入商业化道路。与医院服务相关的药品和医疗器材生产流通秩序混乱，价格虚高，这些都成为诱发不必要检查问题的社会因素。对于患者来说，不必要检查导致医疗费用激增，不仅给患者造成过重经济负担，对其身体也带来不必要的风险和损害。

第一千二百二十八条　医疗机构及其医务人员的合法权益受法律保护。

干扰医疗秩序，妨碍医务人员工作、生活，侵害医务人员合法权益的，应当依法承担法律责任。

❖ 条文主旨 ❖

本条是关于维护医疗机构及其医务人员合法权益的规定。

❖ 条文解读 ❖

当前医患矛盾属于社会关注的焦点问题之一，近年来医疗纠纷明显增多。当前医患双方的极度不信任导致医患关系的紧张，这种紧张状态又促使医疗纠纷不断升级。法律介入医疗活动的目的是实现医患双方权利的平衡和利益的协调，并非去解释或者解决本属于医学理论和医疗科学方面的问题。因此，在法律制度设计上，既要考虑患者作为医疗活动中弱势一方的利益保护，也应兼顾到医学行业本身的特点，如医学科学的局限性、医疗行业的高风险性。法律不仅仅为遭受医疗过错损害的患者提供保护，同样，对于医疗机构及其医务人员的合法权益，法律也要保护，医疗行业的健康、有序发展是整个社会公益的需要。因此，本法对医疗机构及其医务人员的合法权益的保护作了规范。立法过程中，不断有意见提出，本条规定属于行政法上的内容，与侵权责任法无关，建议本法不作规定。但是，也有意见认为，考虑到当前医患矛盾较为突出的现状，尤其是“医闹”“伤医”事件屡有发生，已经严重干扰了正常的医疗秩序，对医务人员的生命财产安全、工作和生活安宁造成很大影响。在这种情况下，民法典不仅要对正在发生的权利义务关系作出调整和平衡，还应对将来可能发生的冲突作出法律上的指引，这也符合侵权责任法“预防和制裁侵权行为”的立法目的。

本条在侵权责任法第64条的基础上，将“干扰医疗秩序，妨碍医务人员工作、生活，侵害医务人员合法权益的，应当依法承担法律责任”单作一款进行规定，以突出民法对医务人员人身财产安全的保护和重视。需要说明的是，干扰医疗秩序，妨碍医务人员工作、生活，侵害医务人员合法权益的，除了承担民事赔偿责任，还涉及行政责任和刑事责任。2015年，刑法修正案（九）已正式将“医闹”入刑；2016 年，原国家卫生计生委、中央综治办、公安部和司法部印发了《关于进一步做好维护医疗秩序工作的通知》；2019 年年底，基本医疗卫生与健康促进法经全国人大常委会表决通过。暴力伤医是文明之耻，社会之伤，法律法规不断为医生撑起保护伞，但问题的关键在于，一是要采取必要措施防患于未然，例如，加强医生工作环境的安全防范系统建设，加强医院及周边巡逻防控，健全警医联动机制。二是要有法必依、执法必严，对各类伤医、闹医等行为依法果断处置，严厉打击伤害医务人员的违法犯罪行为。

第七章　环境污染和生态破坏责任

侵权责任法专章规定了环境污染责任。在民法典编纂过程中，对侵权责任法的相关内容进行了修改、补充和完善。本章共七条，主要包括两个方面内容：一是私益损害，行为人因污染环境、破坏生态造成他人合法权益损害的，应当承担侵权责任。二是生态环境损害，行为人违反国家规定造成生态环境损害的，应当依法承担修复责任。

第一千二百二十九条　因污染环境、破坏生态造成他人损害的，侵权人应当承担侵权责任。

❖ 条文主旨 ❖

本条是关于环境污染和生态破坏侵权责任的一般规定。

❖ 条文解读 ❖

当前，我国面临环境污染严重、生态系统退化的严峻形势，对此，人民群众反映强烈，党中央高度关注。党的十八大以来，以习近平同志为核心的党中央高度重视生态文明建设，把生态文明建设作为统筹推进“五位一体”总体布局和协调推进“四个全面”战略布局的重要内容，加快推进生态文明顶层设计和制度体系建设，党的十八届三中、四中全会和十九大、十九届四中全会通过的决定，均强调“用严格的法律制度保护生态环境”，相继出台《中共中央、国务院关于加快推进生态文明建设的意见》《生态文明体制改革总体方案》，制定了40多项涉及生态文明建设的改革方案，从总体目标、基本理念、主要原则、重点任务、制度保障等方面对生态文明建设进行全面系统部署安排。

2009年通过的侵权责任法第65条规定：“因污染环境造成损害的，污染者应当承担侵权责任。”在侵权责任编草案征求意见过程中，一些单位和学者建议增加破坏生态侵权责任的内容。对此曾有不同意见，一种意见认为，侵权责任法第65条中的“环境”是广义上的环境，既包含狭义上的生活环境，也包括生态环境，没有必要作出修改。另一种意见认为，2013年党的十八届三中全会通过的《中共中央关于全面深化改革若干重大问题的决定》提出“完善环境治理和生态修复制度”，2014年修订的环境保护法第64条规定：“因污染环境和破坏生态造成损害的，应当依照《中华人民共和国侵权责任法》的有关规定承担侵权责任。”2017年年底，中央正式发布《生态环境损害赔偿制度改革方案》也作同样的表述。这几个文件都将“环境”与“生态”两个词并列使用，为保持法律规定以及与中央文件表述的一致性，作出修改为宜。经反复研究讨论，采纳后一种意见，将原“污染环境”修改为“污染环境、破坏生态”。“污染环境”指对生活环境的污染，“破坏生态”指对生态环境的破坏，既包括对大气、水体、海洋、土地等生活环境的污染，也包括对生物多样性的破坏、破坏生态环境和自然资源造成水土流失等生态环境的破坏；既包括水污染、大气污染、噪声污染等传统的污染，也包括光污染、辐射污染等新型污染。总而言之，侵权人因污染环境、破坏生态造成他人损害的，应当承担侵权责任。

根据本条规定，环境侵权责任继续作为一种特殊类型侵权责任，适用无过错责任归责原则。根据无过错责任原则，在受害人有损害、污染者的行为与损害有因果关系的情形下，不考虑侵权人是否存在过错，都应当对其污染行为造成的损害承担侵权责任。在起草侵权责任编过程中，对这一问题基本没有争议，学术界和实务界等各方面意见基本一致。主要考虑到，在环境侵权中，造成损害的污染物主要来源于现代工业生产排放的废水、废气、固体废物等污染物，受害人并不具有专业知识，很难证明加害人具有过错，只有实行无过错责任原则，才能有效保护受害人的合法权益。需要注意的是，本条主要规范因工业生产或者其他人为活动造成环境污染、生态破坏而对他人的人身、财产造成损害的行为，相邻关系人之间的生活污染行为不包括在内，相邻关系人的环境污染发生在相邻不动产所有人或者占有人之间，由物权法调整，造成损失主张赔偿的，适用侵权责任一般过错原则。

对企业排污符合规定的标准但造成损害的情况是否应当承担侵权责任的问题，在2009年制定侵权责任法时有不同意见，这次编纂民法典过程中也有意见提出这个问题。有的认为，企业排污符合规定的标准时应减轻或者免除企业的侵权责任，如果符合规定的标准也应承担侵权责任，会削弱企业的环保意识，加重企业的负担，就有经营困难甚至破产的可能，如果符合排放标准仍造成损害，应由国家出台更高的标准，否则应由国家承担相应的责任。有的意见认为，即使排污符合规定的标准，造成损害也应当承担侵权责任。环境侵权责任采用无过错责任原则，侵权人承担责任的理由在于其从事的活动所具有的危险性，并不要求污染行为本身具有违法性；国家或者地方规定的污染物排放标准，是环境保护主管部门决定排污单位是否需要缴纳排污费和进行环境管理的依据，并不是确定排污者是否承担赔偿责任的界限；即使排污符合标准，给他人造成损害的，也应当根据有损害就要赔偿的原则，承担侵权责任。2015年《最高人民法院关于审理环境侵权责任纠纷案件适用法律若干问题的解释》也坚持这一立场，其中第1条第1款规定，污染者以排污符合国家或者地方污染物排放标准为由主张不承担责任的，人民法院不予支持。从侵权责任法到侵权责任编，对这一问题的看法是一致的。

❖ 案例分析 ❖

原告李某，自2005年购买并入住某市住宅一套。被告为某购物中心，距离原告住宅一条公路，其间无任何遮挡物。在正对原告住宅的购物中心外墙上，安装有一块LED显示屏，日常用于播放广告等。该LED显示屏广告位从2014年建成后开始投入运营，其产生的强光直射入原告的住宅房间内，由于光线过强，严重影响其夜间睡眠质量。原告请求法院判决，责令被告每天控制LED显示屏的开关时间，并调低亮度。

被告辩称：目前，国家无光污染环境监测方面的规范及技术指标，所以没有对光污染问题开展环境监测及获取对人体有害的明确结论。LED显示屏的光虽然对人有视觉影响，但长时间直视不会有明显的损害后果。

法院经审理认为：保护环境是我国的基本国策，一切单位和个人都有保护环境的义务。由于光污染对人身的伤害具有潜在性、隐蔽性和个体差异性等特点，尽管目前国家无光污染环境监测方面的规范及技术指标，但可以依据国家标准、地方标准和行业标准，对是否干扰他人正常生活、工作和学习，以及是否超出公众可容忍度等进行综合认定。对于公众可容忍度，可以根据周边居民的反应情况、现场的实际感受及专家意见等判断。综上，法院支持原告李某的诉讼请求。

第一千二百三十条　因污染环境、破坏生态发生纠纷，行为人应当就法律规定的不承担责任或者减轻责任的情形及其行为与损害之间不存在因果关系承担举证责任。

❖ 条文主旨 ❖

本条是关于环境污染和生态破坏侵权举证责任的规定。

❖ 条文解读 ❖

我国对环境侵权实行因果关系的举证责任倒置。所谓举证责任倒置，是指在法律规定的一些特殊情形下，将通常应由提出事实主张的当事人所负担的举证责任分配给对方，由对方对否定该事实承担举证责任，如果该方当事人不能就此举证证明，则推定事实主张成立的一种举证责任分配制度。它是举证责任分配的一种特殊表现形式，是相对于一般举证责任分配规则的正常分配结果而言的。其实质便是免除本应由原告承担的举证责任，而就待证事实的反面事实，由被告承担举证责任。将污染行为与损害之间的因果关系的举证义务加于污染者，有利于保护受害人的合法权益。

一、行为人应当就法律规定的不承担责任或者减轻责任的情形承担举证责任

在起草过程中，有的意见提出，根据民事诉讼举证责任的分配规则，“法律规定的不承担或者减轻责任的情形”的举证责任本来就在污染者一方，建议删除这句话。实际上，这句话是有其内在意义的，一般而言，不承担或者减轻责任的情形当然由被告方承担举证责任，这不需要法律特别强调，但是环境侵权广义上属于高度危险作业，适用无过错责任归责原则，每种高度危险作业的免责事由是不一样的，多数情形不可抗力可以免责，有的则不可以，如根据本法第1237条规定，民用核设施造成他人损害的，除战争、武装冲突、暴乱、受害人故意可以免责，因地震等不可抗力造成损害的，仍然应当承担侵权责任。所以，这句话实际上是明确了侵权人的免责事由。

二、行为人应当就其行为与损害之间不存在因果关系承担举证责任

侵权责任构成中的因果关系，是指违法行为作为原因，损害事实作为结果，在它们之间存在的前者引起后者，后者被前者所引起的客观联系。环境侵权适用无过错责任原则，过错不是构成环境侵权责任的要件，所以，因果关系是确定环境侵权能否成立的最重要要件。

在一般侵权关系中，加害行为与损害结果之间是否存在法律上的因果关系，学界通说主张采用相当因果关系说，其关键在于，作为原因被考察的事件是否通常会增加损害后果出现的客观可能性。法官依据一般社会见解，按照当时社会所达到的知识和经验，判断只要一般人认为在同样情形有发生同样结果之可能性即可，存在这种因果关系的举证责任由受害人承担。但是，在环境侵权责任中，由受害人对行为人的行为与其损害之间存在因果关系进行举证非常困难，如果仍然按照民事诉讼中“谁主张，谁举证”原则，由受害人承担因果关系的举证义务，则受害人很难获得救济，这是由环境污染侵权的特殊性决定的。

第一，环境污染损害一般具有长期性、潜伏性、持续性、广泛性的特点，有的环境污染损害地域广泛，污染源与损害结果地距离很远，有的损害结果往往不是即时完成的，而是日积月累慢慢形成的，所以即使产生损害，往往时过境迁，证据灭失，很难判断损害事实是否由某侵权行为造成，使因果关系的证明非常困难。

第二，环境污染造成损害的过程具有复杂性，损害并非总是由污染物直接作用人身和财产造成的，往往是污染物与各环境要素或者其他要素相互之间发生物理、化学、生物的反应，经过迁移、扩散、转化、代谢等一系列中间环节后才起作用。甚至有的时候，污染物本身是不会致害的，但和其他因素一起作用就产生了损害，使因果关系表现得十分隐蔽和不紧密，认定十分困难。

第三，有的环境污染侵权涉及一系列的物理、化学、生物、地理、医学等专业知识甚至一些高科技知识，要证明行为与损害事实之间的因果关系，必须具备相关的专门科学技术知识和仪器设备，这些知识、技术和仪器并非平常人所能具备。甚至在一些时候，在现在的科学技术条件下，一些环境污染损害的因果关系还无法认定。

第四，在确定因果关系时，多因一果的现象经常出现，如数家工厂向同一河流排污，河水被污染致使饮用该河水的居民感染疾病，在这种情况下，受害人很难或根本无法证明谁是致害人，证明因果关系更困难。

正因为环境污染侵权的这些特殊性，导致环境污染的因果关系链条十分复杂，所以要证明这些因果关系链条就更为复杂，由受害人承担因果关系的举证责任有非常大的难度。为了减轻环境侵权受害人的举证负担，更迅速地救济受害人，举证责任转移或倒置制度便应运而生。

需要注意的是，在环境侵权责任中适用因果关系举证责任倒置，并不意味着受害人就不用负担任何举证义务，在诉讼中，受害人应当首先证明污染行为与损害结果之间存在联系，即存在因果关系的可能性和初步证据，只是这种可能性并不需要如相当因果关系理论要求的那样达到高度盖然性。

第一千二百三十一条　两个以上侵权人污染环境、破坏生态的，承担责任的大小，根据污染物的种类、浓度、排放量，破坏生态的方式、范围、程度，以及行为对损害后果所起的作用等因素确定。

❖ 条文主旨 ❖

本条是关于两个以上侵权人造成损害的责任的规定。

❖ 条文解读 ❖

实践中，很多环境侵权往往不是由某一个企业排污造成的，而是多个企业排放污染共同造成的，这就是环境共同侵权行为。关于两个以上行为人污染环境、破坏生态造成损害，行为人对外是承担连带责任还是按份责任有不同意见。一种意见认为，应当规定污染者对外承担连带责任，再根据污染物排放量等因素确定排污者的内部责任，这样有利于救济受害人。另一种意见认为，应当规定污染者承担按份责任。经研究认为，环境共同侵权较为复杂，不能一概而论，本条主要规范两个以上侵权人造成他人损害时的内部责任划分，多个侵权人对外如何承担责任，应当根据侵权责任编一般规定确定。民法典侵权责任编一般规定对多人侵权不同情形分别作了规定，本法第1168条规定了共同侵权，本法第1171条规定了分别实施侵权行为承担连带责任的情形，本法第1172条规定了分别侵权。

适用本条环境共同侵权需要满足以下要件：一是多个侵权主体，有两个或者两个以上的行为人实施了污染环境、破坏生态行为。二是行为人实施了污染环境、破坏生态的行为，因环境侵权采用无过错责任，不需要考虑行为人的主观过错，行为人之间是否存在意思联络，都不影响适用本条。当然，如果受害人能够证明多个行为人之间存在“故意”的意思联络，根据本法第1168条规定：“二人以上共同实施侵权行为，造成他人损害的，应当承担连带责任。”毫无疑问构成共同侵权，但实践中，“共同故意”的情形极为罕见。三是数个侵权行为与损害有总体上的因果关系，并不是单个侵权行为与损害之间有因果关系。四是造成了同一损害。多个侵权人分别排放污染，造成不同种类的损害，如一个企业排放污水，另一个企业排放有毒气体，造成的损害存在明显区别，不构成环境共同侵权，而是根据各自行为造成的损害后果承担侵权责任。

环境共同侵权不仅要解决多个侵权人的外部责任，也要解决多个侵权人内部如何划分责任。从理论上讲，每个侵权人承担责任大小的依据是侵权人的污染行为在导致损害的结果中所占的原因力的比例。但是，环境污染中原因力的确定比较复杂，要综合根据污染物的种类、浓度、排放量，破坏生态的方式、范围、程度，以及行为对损害后果所起的作用等因素确定。排放污染物的种类，是指导致损害结果的污染物的种类，如一家企业既排放A有害物质又排放B有害物质，在确定致害污染物只是A有害物质的情况下，只考虑A有害物质的排放来确定。污染物浓度，是指单位体积内所含污染物的量，排放量是排放污染物总量乘以排放浓度，如一家企业排放污水10吨，浓度是0.1%，另一家企业排放污水5吨，浓度是0.2%，排放量的计算是排放污水总量乘以排放浓度，并非单指排放污水总量。破坏生态的方式包括但不限于乱捕滥猎、乱砍滥伐、毁林造田，范围指受到损害的生态环境因素，如动物种群、植物种群、植物覆盖等，程度指与物种种群数量、密度、结构等与生态环境基线的差异。

当然，除了本条列举的外，排放物质的致害性、排放地与损害发生地的距离、排放时间、排放频率等多种因素也会对判断行为人的责任大小产生影响。2020 年《最高人民法院关于审理环境侵权责任纠纷案件适用法律若干问题的解释》第 4 条规定："两个以上侵权人污染环境、破坏生态，对侵权人承担责任的大小，人民法院应当根据污染物的种类、浓度、排放量、危害性，有无排污许可证、是否超过污染物排放标准、是否超过重点污染物排放总量控制指标，破坏生态的方式、范围、程度，以及行为对损害后果所起的作用等因素确定。"

第一千二百三十二条　侵权人违反法律规定故意污染环境、破坏生态造成严重后果的，被侵权人有权请求相应的惩罚性赔偿。

❖ 条文主旨 ❖

本条是关于侵权人承担惩罚性赔偿的规定。

❖ 条文解读 ❖

填平原则，又称补偿性赔偿原则，一直是民法特别是侵权损害赔偿坚持的基本原则，是指在确定损害赔偿时应以受害人的实际损失为准，损失多少赔多少，受害人不能从中获取超过损失的利益。环境侵权同样遵从这一原则，但在司法实践中，受害人多处于弱势地位，经济实力不足；由于环境侵权诉讼专业性较强，即便实行因果关系举证责任倒置，受害人只需要证明污染行为与损害后果之间存在关联性，由于信息不对称，也是困难重重；损害鉴定评估周期长、费用高，有些案件中鉴定费用甚至超过赔偿金额。所以，总体而言，环境损害赔偿数额较低，往往不足以弥补实际损害，更难以震慑企业排污行为。

一、建立环境侵权惩罚性赔偿制度的意义

一是有利于充分救济受害人，鼓励受害人积极维权。正如前面所述，由于环境侵权诉讼存在种种困难，环境侵权赔偿数额往往不足以覆盖受害人的实际损害，甚至低于律师费、鉴定费等，使得很多受害人存在畏难情绪，不愿意提起诉讼。增加规定惩罚性赔偿，能够增加受害人对赔偿数额的预期，提高受害人的维权积极性。

二是有利于惩罚恶意侵权人。有些污染环境和破坏生态行为恶劣，损害后果严重，而且严重影响社会的可持续发展。尽管环境侵权适用无过错责任，不考虑侵权人主观是否有过错，都要承担侵权责任，但在计算赔偿数额时，行为人是否有过错以及过错程度是需要重点考量的因素之一。侵权人主观有恶意，其行为的非难性更强，更应当受到法律的否定性评价，惩罚性赔偿制度主要聚焦于此，恶意侵权人付出的赔偿数额要高于一般侵权人，从经济上给予其严厉打击，彰显惩罚性，遏止恶意侵权行为。

三是有利于警示他人不得实施类似行为。惩罚性赔偿不仅具有惩罚作用，还有阻吓作用，使可能的行为人对侵权后果望而生畏，不敢再重蹈覆辙，避免类似行为再次发生。

二、环境侵权惩罚性赔偿的构成要件

1. 侵权人实施了不法行为。根据本条规定，侵权人的环境污染和破坏生态行为应当违反了法律规定。在起草过程中，有的学者认为将“违反法律规定”作为惩罚性赔偿的构成要件不合理，加重了受害人的举证负担，不利于对受害人的全面救济。有的学者认为，只有行为人的行为违反了国家环境行政法律法规的规定，才有可能构成惩罚性赔偿，如果民法惩罚合法排污行为，则与环境行政法律发生冲突，法律对企业行为的指引功能会发生错乱，企业将无所适从。

经研究认为，惩罚性赔偿不同于普通环境侵权，其赔偿数额更高，具有普通环境侵权不具备的惩罚功能，构成要件应当更为严格。企业的排污行为只要符合国家环境行政法律法规的要求，从行政法的角度看，那就是合法的，企业的正常生产经营活动不仅是社会正常发展所必需的，也应当为法律所保护和鼓励，对企业的排污行为施以惩罚，必须以企业违反法律规定为前提，否则不具有正当性。

2. 侵权人主观具有故意。根据本条规定，侵权人的主观状态应当是故意。这是惩罚性赔偿与普通环境侵权的又一点显著不同，在起草过程中，大家一致认为，惩罚性赔偿制度的设计初衷就是针对恶意侵权人，但对如何定义恶意，也有不同看法。有的建议规定为故意或者重大过失，若仅规定故意，不恰当地缩小了惩罚性赔偿的适用范围，降低受害人主张的积极性。

经研究认为，在环境侵权引入惩罚性赔偿制度之初，不宜将范围扩得过大。“故意”作为一种主观状态，难以直接证明，实践中一般通过侵权人的行为来认定，如侵权人多次非法排污并受到行政机关处罚，侵权人将未经处理的废水、废气、废渣直接排放或者倾倒，侵权人关闭环境在线监测系统或者故意干扰监测系统，侵权人在正常排污设施外留有偷排孔等，这些都能证明侵权人对其排污行为可能造成的后果，绝对不是因为疏忽大意，而是故意为之，放任严重后果的发生。

3. 造成严重后果。根据本条规定，侵权人的行为造成严重后果的，才可能构成惩罚性赔偿。惩罚性赔偿具有惩罚功能，在适用上应当遵循谦抑原则，不能对侵权人动辄就处以惩罚性赔偿。惩罚性赔偿制度应当聚焦于损害后果严重的侵权行为，不仅对受害人的人身、财产造成严重损害，还可能对生态环境造成严重损害甚至不可逆转的损害。2009 年侵权责任法第 47 条规定："明知产品存在缺陷仍然生产、销售，造成他人死亡或者健康严重损害的，被侵权人有权请求相应的惩罚性赔偿。"第一次明确在民法中引入惩罚性赔偿概念，同样要求"严重损害"的后果。

第一千二百三十三条　因第三人的过错污染环境、破坏生态的，被侵权人可以向侵权人请求赔偿，也可以向第三人请求赔偿。侵权人赔偿后，有权向第三人追偿。

❖ 条文主旨 ❖

本条是关于因第三人的过错污染环境和破坏生态责任的规定。

❖ 条文解读 ❖

本条规定的是如果污染环境造成损害是由于第三人的过错引起的，责任如何承担的问题。多数意见认为属于不真正连带责任。不真正连带责任，是指多数行为人违反法定义务，对一个受害人实施加害行为，或者不同行为人基于不同的行为而致使受害人的权利受到损害，各个行为人对产生的同一内容的侵权责任，各负全部赔偿责任，并因行为人之一的履行而使全体责任人的责任归于消灭的侵权共同责任形态。

本条规定的第三人，是指除污染者与被侵权人之外的第三人，对被侵权人损害的发生具有过错，包括故意和过失。符合本条规定的第三人需具备两个条件：首先，第三人是指被侵权人和污染者之外的第三人，即第三人不属于被侵权人和污染者一方，第三人与受害者和污染者之间不存在法律上的隶属关系，如雇佣关系等。其次，第三人和污染者之间不存在意思联络。如果第三人与污染者有意思联络，则第三人与污染者构成共同侵权，不属于本条规范。

1. 被侵权人可以向侵权人请求赔偿。根据本编规定，环境侵权责任适用无过错责任归责原则，只要符合本法第 1229 条的构成要件，侵权人就要承担侵权责任，不考虑其主观是否存在过错。根据本法第 1175 条规定，损害是因第三人造成的，第三人应当承担侵权责任。一般而言，第三人就是真正的侵权人，被请求承担侵权责任的人可以因此而免责。但是，在环境侵权责任中，侵权人的环境侵权行为即便是因第三人行为介入引起的，如有人偷偷关闭污水、废气净化设施，企业采购的排污净化设备质量不合格等，导致排污严重超标，侵权人无法据此主张免责。此前，单行法对侵权人是否因第三人过错行为而免责，有着不同的规定，如水污染防治法第 96 条第 4 款规定："水污染损害是由第三人造成的，排污方承担赔偿责任后，有权向第三人追偿。" 1999 年海洋环境保护法第 90 条第 1 款规定："造成海洋环境污染损害的责任者，应当排除危害，并赔偿损失；完全由于第三者的故意或者过失，造成海洋环境污染损害的，由第三者排除危害，并承担赔偿责任。" 但在 2009 年制定侵权责任法时，对此进行了研究，认为第三人过错行为不应当是侵权人的免责事由。2015 年《最高人民法院关于审理环境侵权责任纠纷案件适用法律若干问题的解释》第 5 条第 3 款也作出类似规定："污染者以第三人的过错污染环境造成损害为由主张不承担责任或者减轻责任的，人民法院不予支持。"

2. 被侵权人也可以向第三人请求赔偿。侵权人承担环境侵权责任的同时，因第三人的过错行为与损害后果之间存在法律上的因果关系，被侵权人也可以直接请求第三人承担侵权责任。但需要注意的是，第三人承担责任与侵权人承担责任存在明显区别，侵权人承担的是无过错责任，被侵权人无须证明侵权人的主观过错，不存在因果关系的举证责任由侵权人承担；而请求第三人承担责任，适用过错责任，需要符合一般侵权的构成要件，即不法行为、主观过错、损害后果、不法行为与损害后果之间存在因果关系，都需要由被侵权人承担举证责任，不适用举证责任倒置的规定。

3. 被侵权人可以选择请求对象。根据本条规定，被侵权人既可以向侵权人请求赔偿，也可以向第三人请求赔偿，也可以同时向侵权人和第三人请求赔偿。赋予被侵权人选择权，方便被侵权人主张权利，及时获得赔偿，有利于加强对被侵权人的保护，避免侵权人或者第三人其中一方没有赔偿能力而无法得到充分救济。但是，被侵权人对侵权人和第三人的赔偿请求权，因其只有一个“损害后果”，向被侵权人主张权利或者向第三人主张权利，选择的一个请求权实现之后，另一个请求权消灭，不能获得双份赔偿。2020 年《最高人民法院关于审理环境侵权责任纠纷案件适用法律若干问题的解释》第 5 条第 1 款对此也有规定：“被侵权人根据民法典第一千二百三十三条规定分别或者同时起诉侵权人、第三人的，人民法院应予受理。”

4. 侵权人有权向第三人追偿。根据本条规定，侵权人赔偿后，有权向第三人追偿。因第三人行为的介入发生环境侵权行为，第三人的行为与损害后果之间存在因果关系，基于“自己行为自己负责”的朴素道理，第三人应当对其不法行为承担相应的责任。通常情况下，被侵权人会首先向侵权人请求赔偿，侵权人赔偿后，有权请求第三人承担责任。但第三人行为介入的情形比较复杂，损害后果可能完全由第三人的故意或者过失行为引起，也可能是由第三人的故意或者过失行为与侵权人的过失行为共同引起，第三人行为对损害后果的原因力可能很大也可能很小。具体到个案，第三人最终应当承担多少份额的责任，需要结合具体案情具体分析，侵权人有权向第三人追偿。2020 年《最高人民法院关于审理环境侵权责任纠纷案件适用法律若干问题的解释》第 5 条第 2 款规定："被侵权人请求第三人承担赔偿责任的，人民法院应当根据第三人的过错程度确定其相应赔偿责任。"

第一千二百三十四条　违反国家规定造成生态环境损害，生态环境能够修复的，国家规定的机关或者法律规定的组织有权请求侵权人在合理期限内承担修复责任。侵权人在期限内未修复的，国家规定的机关或者法律规定的组织可以自行或者委托他人进行修复，所需费用由侵权人负担。

❖ 条文主旨 ❖

本条是关于生态环境损害赔偿制度和民事生态环境修复制度的规定。

❖ 条文解读 ❖

生态环境损害赔偿制度是生态文明制度体系的重要组成部分。2015 年年底，作为生态文明体制改革六大配套方案之一的《生态环境损害赔偿制度改革试点方案》出台，经过两年试点，2017 年年底，中央正式发布《生态环境损害赔偿制度改革方案》，在全国试行生态环境损害赔偿制度，提出到 2020

年，力争在全国范围内初步构建责任明确、途径畅通、技术规范、保障有力、赔偿到位、修复有效的生态环境损害赔偿制度。

一、生态环境损害制度与一般环境侵权的不同

改革方案建立的生态环境损害赔偿制度与一般环境侵权在很多方面存在不同之处，主要有：

1. 适用范围不同。一般环境侵权适用于因污染环境、破坏生态导致或者有可能导致的人身、财产损害的情形，一定是某个民事主体的权益遭受了损害。而根据改革方案，生态环境损害，是指因污染环境、破坏生态造成大气、地表水、地下水、土壤、森林等环境要素和植物、动物、微生物等生物要素的不利改变，以及上述要素构成的生态系统功能退化。这里的损害不对应某个民事主体，是对生态环境整体造成的损害。两种损害之间存在关联，多数情况下，造成人身、财产损害的，生态环境或多或少都会有所损害，但反过来，造成生态环境损害的，未必一定会对人身、财产造成具体损害。比如，对途经某地的候鸟乱捕滥猎，造成当地生态恶化，很难说当地居民的人身、财产遭受了何种损害。

2. 责任主体不同。在一般环境侵权中，承担环境污染责任的主要是污染者或者破坏者，也即具体从事排污行为的侵权人，根据案件具体情形，环境影响评价机构、环境监测机构以及从事环境监测设备和防治污染设施维护、运营的机构等第三人，也有可能承担侵权责任。在生态环境损害侵权中，根据改革方案，违反法律法规，造成生态环境损害的单位或个人是责任主体，第三人不承担生态环境损害赔偿责任。

3. 归责原则不同。根据本法第 1229 条规定，一般环境侵权适用无过错责任，不考虑侵权人主观是否存在过错，而且即使侵权人的排污行为符合国家规定，也要承担侵权责任。根据

改革方案规定，违反法律法规，造成生态环境损害的单位或个人，应当承担生态环境损害赔偿责任。所以，主流观点认为，这意味着生态环境损害赔偿制度适用过错责任，只有违反法律法规才有可能被追责。

4. 权利主体不同。一般环境侵权由受害人提起侵权之诉。根据本条规定，生态环境损害赔偿制度的权利主体是“国家规定的机关或者法律规定的组织”，“国家规定的机关”主要指改革方案规定的省级、市地级政府以及民事诉讼法规定的检察机关，“法律规定的组织”主要指符合环境保护法以及其他单行法律规定的社会组织。

二、本条构成要件

1. 违反国家规定。根据本条规定，违反国家规定是承担生态环境损害赔偿的要件之一。在起草过程中，对于是否将此作为构成要件，存在不同意见。有的意见认为，生态环境损害赔偿应当与环境侵权一样，只要有损害，就应当赔偿，不论其行为是否违反国家规定。有的意见认为，改革方案中规定，违反法律法规，造成生态环境损害的单位或个人，应当承担生态环境损害赔偿责任。

对此，经认真研究认为，生态环境损害赔偿与一般环境侵权不能等量齐观，两种制度的价值取向有所不同，一般环境侵权注重于私人权益的保护，国家规定的排污标准有可能滞后于社会经济发展，不能放任私人权益遭受侵害。而在生态环境侵权中，环境保护法第45条规定：“国家依照法律规定实行排污许可管理制度。实行排污许可管理的企业事业单位和其他生产经营者应当按照排污许可证的要求排放污染物；未取得排污许可证的，不得排放污染物。”根据这一规定，只要经营者依法申请排污许可证并实现达标排放，便不应当承担行政法上的责任，生态环境损害赔偿的权利主体主要是国家机关，国家机关不能一方面发放排污许可证，一方面对排污行为主张损害赔偿，行政机关可以通过排污许可证制度实现污染物排放总量和生态环境标准控制，所以，不宜令其承担生态损害赔偿责任。从这个意义上讲，主流观点认为，生态环境侵权实行过错责任。

2. 生态环境损害。有损害才有赔偿，生态环境侵权依然要遵守民法这一基本原则。但生态环境损害与一般环境侵权中的损害多有不同。长期以来，环境侵权主要关注个体权益的损害，生态环境因其具有公共属性而被忽视。生态环境损害与个人权益损害既有关联也存在区别，关联主要表现在，个体权益受到损害很多是以生态环境受到损害为前提的，侵权人污染环境、破坏生态的行为，首当其冲受到损害的就是生态环境，如污染了空气、地下水、土壤，破坏了植物或动物种群等，以这些被污染的空气、水、土壤和被破坏的生态系统为媒介，侵害了个体权益，具体表现为人畜生病、种植物减产等。两者的区别主要表现在，个体权益有明确的权利人，有动力主张损害赔偿，可以用金钱来计算；而生态环境具有明显的公共属性，是人们赖以生存的基础，但在民法中，公共产品缺乏明确的权利主体，难以主张损害赔偿，而且，生态环境损害的计算也并非易事，难以用金钱来补偿。

3. 因果关系。因果关系是构成侵权责任的必要条件，问题的关键在于由谁承担因果关系举证责任。有的意见提出，生态环境侵权本质上与环境侵权一样，因果关系举证责任应当由侵权人承担。对这一问题，改革方案没有明确规定，也没有现成的方案可循。主流意见认为由权利人承担更为合适，在环境侵权中，将因果关系举证责任分配给侵权人，主要是考虑到受害人在经济上和专业知识上的不足，侵权人更有举证能力，据此推论，在生态环境损害赔偿诉讼中，国家机关和有关组织作为原告，其实力与环境侵权人相比，显然更为强大，不仅有公共财政作为支撑，人员、技术能力也更为专业，完全有能力对因果关系进行举证。

三、民事生态环境修复制度

根据本条规定，生态环境修复责任承担主要有两种方式：

1. 请求侵权人在合理期限内承担修复责任。环境修复并不是简单修补了事，具有很强的专业性、技术性和复杂性，修复的目的是使受损的生态环境复原至基线水平，是一种技术目标，一般企业或者个人难以完成，多数侵权人不具备修复生态环境的能力。侵权人作为始作俑者，是修复责任的当然承担者，权利人有权请求侵权人在合理期限内承担修复责任。这句话的意思并不是说侵权人必须独立完成修复工程，如果侵权人有能力、有资质，可以凭一己之力完成；如果侵权人没有修复能力，可以出资请他人完成修复工程。

2. 自行或者委托他人进行修复。考虑到生态环境保护有及时性、有效性等特点，不能无限期等待侵权人履行修复责任，据此，本条规定，侵权人在期限内未修复的，权利人可以自行或者委托他人履行修复义务，所需费用由侵权人负担。这实际上借鉴了执行程序中代履行制度，从形式上看，完成生态环境修复工程的是权利人或者其委托的第三人，但修复责任仍然由侵权人承担。

❖ 案例分析 ❖

2015 年 8 月 13 日，绿发会向某省某市中级人民法院提起诉讼称：瑞泰公司在生产过程中违规将超标废水直接排入蒸发池，造成腾格里沙漠严重污染，截至起诉时仍然没有整改完毕。请求判令瑞泰公司：（1）停止非法污染环境行为；（2）对造成环境污染的危险予以消除；（3）恢复生态环境或者成立沙漠环境修复专项基金并委托具有资质的第三方进行修复；(4) 在全国性媒体上公开赔礼道歉等。被告瑞泰公司辩称：原告没有诉讼主体资格，不能提起民事公益诉讼。

绿发会向法院提交了基金会法人登记证书，显示绿发会是在中华人民共和国民政部登记的基金会法人。绿发会提交的从2010年度至2014年度检查证明材料，显示其在提起本案公益诉讼前5年年检合格。绿发会亦提交了5年内未因从事业务活动违反法律、法规的规定而受到行政、刑事处罚的无违法记录声明。此外，绿发会章程规定，其宗旨为“广泛动员全社会关心和支持生物多样性保护和绿色发展事业，保护国家战略资源，促进生态文明建设和人与自然和谐，构建人类美好家园”。

法院经审理认为：本案系社会组织提起的环境污染公益诉讼。本案的争议焦点是绿发会应否认定为专门从事环境保护公益活动的社会组织。《中华人民共和国民事诉讼法》第55条规定了环境民事公益诉讼制度，明确法律规定的机关和有关组织可以提起环境公益诉讼。《中华人民共和国环境保护法》第58条规定：“对污染环境、破坏生态，损害社会公共利益的行为，符合下列条件的社会组织可以向人民法院提起诉讼：(一) 依法在设区的市级以上人民政府民政部门登记；(二) 专门从事环境保护公益活动连续五年以上且无违法记录。符合前款规定的社会组织向人民法院提起诉讼，人民法院应当依法受理。”从绿发会提供的证据看，其章程规定的宗旨和业务范围，应认定绿发会的宗旨和业务范围包含维护环境公共利益内容；同时，该组织开展的活动也符合《中华人民共和国环境保护法》第58条关于社会组织从事环境保护公益活动应5年以上的规定；提起的公益诉讼涉及的环境公共利益，与社会组织的宗旨和业务范围具有一定关联，具备提起环境民事公益诉讼的主体资格。上述三点，满足《中华人民共和国环境保护法》以及《最高人民法院关于审理环境民事公益诉讼案件适用法律若干问题的解释》第4条关于“社会组织章程确定的宗旨和主要业务范围是维护社会公共利益”的规定。因此，绿发会具有提起民事公益诉讼的主体资格。

第一千二百三十五条　违反国家规定造成生态环境损害的，国家规定的机关或者法律规定的组织有权请求侵权人赔偿下列损失和费用：

（一）生态环境受到损害至修复完成期间服务功能丧失导致的损失；

（二）生态环境功能永久性损害造成的损失；

（三）生态环境损害调查、鉴定评估等费用；

（四）清除污染、修复生态环境费用；

（五）防止损害的发生和扩大所支出的合理费用。

❖ 条文主旨 ❖

本条是关于生态环境损害赔偿范围的规定。

❖ 条文解读 ❖

根据《生态环境损害赔偿制度改革方案》，生态环境损害赔偿范围包括清除污染费用、生态环境修复费用、生态环境修复期间服务功能的损失、生态环境功能永久性损害造成的损失以及生态环境损害赔偿调查、鉴定评估等合理费用。赔偿义务人自行修复或委托修复的，赔偿权利人前期开展生态环境损害调查、鉴定评估、修复效果后评估等费用由赔偿义务人承担。赔偿义务人造成的生态环境损害无法修复的，其赔偿资金作为政府非税收入，全额上缴同级国库，纳入预算管理。赔偿权利人及其指定的部门或机构根据磋商或判决要求，结合本区域生态环境损害情况开展替代修复。

根据本条规定，国家规定的机关或者法律规定的组织有权请求侵权人赔偿下列损失和费用：

一是生态环境受到损害至修复完成期间服务功能丧失导致的损失。生态系统服务功能，是指生态系统通过自身的作用循环提供给人类的效益或者对生态环境的效益，生态系统服务功能包括生态物质提供功能、生态控制功能、生命维持功能与文化欣赏功能等。生态环境修复需要经历较长一段时间，在此期间生态环境服务功能是不完整的，根据《环境损害鉴定评估推荐方法（第Ⅱ版）》，期间损害界定为“生态环境损害发生至生态环境恢复到基线状态期间，生态环境因其物理、化学或生物特性改变而导致向公众或其他生态系统提供服务的丧失或减少，即受损生态环境从损害发生到其恢复至基线状态期间提供生态系统服务的损失量”。生态系统服务功能作为一项独立的价值也应当得到赔偿。

二是生态环境功能永久性损害造成的损失。并不是所有生态环境损害都是可以修复的，比如，乱捕滥杀导致某些物种灭绝，这是不可逆转的，有些生态环境损害虽然可以修复，但无法修复到原来的状态。根据《环境损害鉴定评估推荐方法（第Ⅱ版）》，永久性损害指受损生态环境及其服务难以恢复，其向公众或其他生态系统提供服务能力的完全丧失。改革方案也规定，生态环境损害无法修复的，其赔偿资金作为政府非税收入，全额上缴同级国库，纳入预算管理，权利人结合本区域生态环境损害情况开展替代修复。生态系统功能的永久性损害只能通过价值估算予以赔偿。

三是生态环境损害调查、鉴定评估等费用。生态环境损害调查，是指生态环境损害发生后，权利人为了评估生态环境损害情况进行信息收集的过程。生态环境损害鉴定评估，是指鉴定评估机构通过技术方法对生态环境损害情况、赔偿费用、修复行为、修复效果等进行分析评价的行为。调查、鉴定评估等费用也是由生态环境侵权行为而衍生的费用，应由侵权人赔偿。

四是清除污染、修复生态环境费用。污染行为发生后，清除污染是当务之急，一般来说，清除污染费用包括清污方案制定费用、清除污染操作费用。修复生态环境费用则复杂得多，包括修复方案制定费用、修复实施费用，司法实践对如何计算或确定做了大量探索，主要有环境违法利益计算法、以排污费一定比例计算法、危险消除计算法、鉴定机构确定法等，由于生态环境修复工作专业性强，有的时间跨度也比较长，法官很难作出精确计算，较为依赖司法鉴定，以鉴定机构评估的费用为基础，综合考虑若干因素计算而成。2020 年《最高人民法院关于审理环境民事公益诉讼案件适用法律若干问题的解释》第 20 条第 3 款规定："生态环境修复费用包括制定、实施修复方案的费用，修复期间的监测、监管费用，以及修复完成后的验收费用、修复效果后评估费用等。"第 23 条规定："生态环境修复费用难以确定或者确定具体数额所需鉴定费用明显过高的，人民法院可以结合污染环境、破坏生态的范围和程度，生态环境的稀缺性，生态环境恢复的难易程度，防治污染设备的运行成本，被告因侵害行为所获得的利益以及过错程度等因素，并可以参考负有环境资源保护监督管理职责的部门的意见、专家意见等，予以合理确定。"

五是防止损害的发生和扩大所支出的合理费用。生态环境损害发生后，必须及时采取合理预防、防止损害扩大的措施，将损害控制在最小范围内，也有利于后续治理与修复工作的开展。2020 年《最高人民法院关于审理环境民事公益诉讼案件适用法律若干问题的解释》第 19 条第 2 款中也有这一规定："原告为停止侵害、排除妨碍、消除危险采取合理预防、处置措施而发生的费用，请求被告承担的，人民法院可以依法予以支持。”

❖ 案例分析 ❖

2014 年 4 月 28 日，海德公司将在生产过程中产生的 29.1 吨废碱液，交给无危险废物处置资质的李某等人处置。李某等人将上述废碱液转交给无危险废物处置资质的孙某处置。2014 年 4 月 30 日，孙某等人将废碱液倾倒进长江，造成了严重的环境污染。上述污染事件发生后，该环境保护局和市人民检察院联合委托省环境科学学会对污染损害进行评估。省环境科学学会经调查、评估，于 2015 年 6 月作出了《评估报告》。省人民政府向该市中级人民法院提起诉讼，请求判令海德公司赔偿生态环境修复费用 3637.90 万元，生态环境服务功能损失费用 1818.95 万元，承担评估费用 26 万元及诉讼费等。

法院经审理裁判认为，海德公司作为化工企业，对其在生产经营过程中产生的危险废物废碱液，负有防止污染环境的义务。海德公司将废碱液交给不具备危险废物处置资质的个人进行处置，导致废碱液被倾倒进长江和新通扬运河，严重污染环境。依照法律规定，应当承担相应的责任，故法院对省人民政府的诉讼请求予以支持。

第八章　高度危险责任

本章共九条，主要对高度危险责任的一般规定和几种典型的高度危险作业致害责任作出规定。其中，第 1236 条是关于高度危险责任的一般规定。第 1237 条至第 1240 条大致按照危险程度的高低，区分不同的高度危险作业类型，分别对民用核设施、民用航空器、高度危险物和从事高空、高压、地下挖掘活动、高速轨道运输工具的致害责任及其不承担或者减轻责任的情形作了规定。第1241条规定了对遗失抛弃危险物致害责任、第1242条规定了非法占有高度危险物的致害责任、第1243条规定了未经许可进入高度危险作业区域受到损害作业人的责任减免情形、第1244条对赔偿限额作了规定。

第一千二百三十六条　从事高度危险作业造成他人损害的，应当承担侵权责任。

❖ 条文主旨 ❖

本条是关于高度危险责任的一般规定。

❖ 条文解读 ❖

民法通则第123条作为高度危险责任的一般规定，为其后制定有关涉及高度危险责任的单行法和司法实践发挥了积极的指导作用。本法继承了侵权责任法第69条的规定。

在起草本章时，首先考虑的一个问题是，需不需要规定高度危险责任的一般条款。我们研究认为，应当规定高度危险责任的一般条款。这样做的好处是，对目前已有法律规范的高度危险行为侵权责任的共性问题作出规定，可以为司法实践处理尚未有法律明确规范的高度危险行为提供一个指导性原则。因此，本条规定：从事高度危险作业造成他人损害的，应当承担侵权责任。这就明确了高度危险责任为无过错责任。

一、关于调整的范围

这里讲的“高度危险作业”，既包括使用民用核设施、高速轨道运输工具和从事高压、高空、地下采掘等高度危险活动，也包括占有、使用易燃、易爆、剧毒和放射性等高度危险物的行为。“高度危险作业”的表述是个开放性的概念，包括一切对周围环境产生高度危险的作业形式。一般认为，具体行为构成高度危险作业应具备以下三个条件：

第一，作业本身具有高度的危险性。也就是说，危险性变为现实损害的概率很大，超过了一般人正常的防范意识，或者说超过了在一般条件下人们可以避免或者躲避的危险。

第二，高度危险作业即使采取安全措施并尽到了相当的注意也无法避免损害。日常生活中，任何一种活动都可能对周围人们的财产或人身产生一定的危险性，但高度危险作业则具有不完全受人控制或者难以控制的危害性。

第三，不考虑高度危险作业人对造成损害是否有过错。

二、关于归责原则

高度危险作业造成他人损害的，应当承担无过错责任，这也是大部分国家的普遍做法。

三、关于减免责任事由

作为高度危险责任的一般规定，本条没有写明哪些情形可以不承担责任或者减轻责任。这不是说高度危险责任没有任何的不承担责任或者减轻责任情形。如果针对具体的高度危险责任，法律规定不承担责任或者减轻责任的，应当依照其规定。如铁路法第 58 条规定，因铁路行车事故及其他铁路运营事故造成人员伤亡的，铁路运输企业应当承担赔偿责任；如果人身伤亡是因不可抗力或者受害人自身原因造成的，铁路运输企业不承担赔偿责任。违章通过平交道口或者人行过道，或者在铁路线路上行走、坐卧造成的人身伤亡，属于受害人自身的原因造成的人身伤亡。又如，电力法第 60 条第 2 款规定，电力运行事故由下列原因之一造成的，电力企业不承担赔偿责任：（1）不可抗力；（2）用户自身的过错。民用航空法第 124 条规定，因发生在民用航空器上或者在旅客上、下民用航空器过程中的事件，造成旅客人身伤亡的，承运人应当承担责任；但是，旅客的人身伤亡完全是由于旅客本人的健康状况造成的，承运人不承担责任。

还有一点需要注意，侵权责任编第一章规定了一些不承担责任和减轻责任的情形，这些规定是否也适用于本章规定呢？我们认为，如果单行法和本章具体规定了不承担责任和减轻责任的情形，侵权责任编第一章的规定原则上不适用。如果单行法和本章对某个高度危险行为没有作出具体规定，侵权责任编第一章的规定原则上可以适用，如损害是因受害人故意造成的，行为人不承担责任。

四、关于责任方式

本条规定，从事高度危险作业造成他人损害的，应当承担侵权责任。这里的“侵权责任”不仅仅是损害赔偿责任。由于高度危险作业一旦造成损害，可能对周围环境带来很大的危害，因此，作业人不仅在事后应向受害人进行损害赔偿，而且在事发时就应当积极采取停止侵害、消除危险等措施并积极救助受害人，因此，我们在这里强调的是“侵权责任”而不是仅要求高度危险作业人承担赔偿责任。

第一千二百三十七条　民用核设施或者运入运出核设施的核材料发生核事故造成他人损害的，民用核设施的营运单位应当承担侵权责任；但是，能够证明损害是因战争、武装冲突、暴乱等情形或者受害人故意造成的，不承担责任。

❖ 条文主旨 ❖

本条是关于民用核设施致害责任的规定。

❖ 条文解读 ❖

侵权责任法第70条对民用核设施的致害责任作出明确规

定，核安全法于 2017 年 9 月进行了修改。本条在继承了侵权责任法第 70 条规定的基础上，结合核安全法的规定，作了必要的修改。

1. 本条调整的主体是民用核设施或者运入运出核设施的核材料，核安全法第 2 条对核设施、核材料作了明确规定。

2. 针对的是民用核设施或者运入运出核设施的核材料发生核事故造成的损害，核安全法第 93 条对核事故作了明确规定。

3. 承担责任的主体是民用核设施的营运单位，核安全法第 93 条对核设施营运单位作了明确规定。核安全法第 5 条规定，核设施营运单位对核安全负全面责任。第 90 条对核事故责任作了明确规定。

4. 归责原则。实行无过错原则，按照本条和核安全法第 90 条第 1 款的规定，只有在能够证明损害是因战争、武装冲突、暴乱等情形或者受害人故意造成的，才可以不承担责任。

关于不可抗力是否免责的问题，在侵权责任法起草和本法编纂过程中有不同意见。我们研究认为，为了更好地保护受害人，本条将受害人故意之外的不承担责任情形限制在“战争、武装冲突、暴乱等情形”，而没有一般规定为“不可抗力”，这与国际上的通行做法也是一致的。

5. 关于责任方式。本条规定，民用核设施的营运单位应当承担侵权责任，这里的“侵权责任”不仅仅是损害赔偿责任。由于发生核事故，可能对周围环境带来很大的危害，因此，民用核设施的经营者不仅在事后向受害人进行损害赔偿，而且在事发时就应当积极采取停止侵害、消除危险等措施并开展积极救助受害人。在损害赔偿责任上，由于核事故造成的危害面比较广，为了兼顾核工业的正常发展和保护受害人的权益，国际通行做法是通过立法规定民用核设施的赔偿限额。本法也在第 1244 条对赔偿限额作了规定。

第一千二百三十八条　民用航空器造成他人损害的，民用航空器的经营者应当承担侵权责任；但是，能够证明损害是因受害人故意造成的，不承担责任。

❖ 条文主旨 ❖

本条是关于民用航空器致害责任的规定。

❖ 条文解读 ❖

我国最早处理民用航空器致害责任的法律依据是民法通则第123条。1995年我国颁布了民用航空法，对民用航空器造成乘客人身、财产损害和对地面第三人损害的民事责任作了具体规定。考虑到民用航空器高速、高空带来的高风险，侵权责任法第71条在民法通则和民用航空法的基础上，对民用航空器致害责任作出了规定，本条继承了侵权责任法的规定。

一、本条调整范围限定在民用航空器

民用航空器，是指除用于执行军事、海关、警察等飞行任务外的航空器。民用航空器主要用途有两个方面：一是专门从事运送旅客、行李、邮件或者货物的运输飞行。二是通用航空，包括从事工业、农业、林业、渔业和建筑业的作业飞行，以及医疗卫生、抢险救灾、气象探测、海洋监测、科学实验、教育训练、文化教育等方面的飞行活动。

二、责任主体是民用航空器的经营者

这里的“经营者”主要包括从事运输旅客、货物运输的承运人和从事通用航空的民用航空器使用人。

三、承担责任前提是民用航空器在使用中造成他人损害

民用航空器造成他人损害的，包括两种情形：一种情形是民用航空器在从事旅客、货物运输过程中，对所载运的旅客、货物造成的损害。按照民用航空法的规定，在从事公共运输航空中，因发生在民用航空器上或者在旅客上、下民用航空器过程中的事件，造成的旅客人身伤亡和其随身携带物品毁灭、遗失或者损坏的，承运人应当依法承担侵权责任。对托运的行李、货物而言，因发生在航空运输期间的事件，造成货物毁灭、遗失或者损坏的，承运人应当依法承担侵权责任。这里的“航空运输期间”，是指在机场内、民用航空器上或者机场外降落的任何地点，托运行李、货物处于承运人掌管之下的全部期间。另一种情形是，民用航空器对地面第三人的人身、财产造成的损害。具体说来，就是飞行中的民用航空器或者从飞行中的民用航空器上落下的人或者物，造成地面（包括水面）上的人身伤亡和财产损害。这里的“飞行中”，是指自民用航空器为实际起飞而使用动力时起至着陆冲程终了时止；就轻于空气的民用航空器而言，“飞行中”，是指自其离开地面时起至其重新着地时止。

需要特别说明的是，在侵权责任法适用及民法典编纂过程中，对本条一直有错误的认识。在这里，必须申明本条的立法原意：本条既适用于民用航空器在航空运输期间造成的损害，又适用于民用航空器在飞行中对地、水面的损害；既适用于民用航空器对机上的损害，也适用于民用航空器对机外的损害。

四、民用航空器的经营者承担无过错责任

民用航空器作为一种高速运输工具，民法通则和民用航空法都规定了民用航空器的经营者应当承担无过错责任，这与国际公约和世界上通行做法是一致的。本条也坚持这个原则。关于不承担责任的情形，根据本条规定，能够证明损害是因受害人故意造成的，民用航空器经营者不承担责任；即使是因为自然原因引起的不可抗力事件，造成他人损害的，民用航空器的经营者也要承担责任。当然，民用航空法针对不同情况，规定了较为详细的不承担责任和减轻责任情形的具体规定，仍然适用。

第一千二百三十九条　占有或者使用易燃、易爆、剧毒、高放射性、强腐蚀性、高致病性等高度危险物造成他人损害的，占有人或者使用人应当承担侵权责任；但是，能够证明损害是因受害人故意或者不可抗力造成的，不承担责任。被侵权人对损害的发生有重大过失的，可以减轻占有人或者使用人的责任。

❖ 条文主旨 ❖

本条是关于高度危险物致害责任的规定。

❖ 条文解读 ❖

侵权责任法第72条在民法通则规定的基础上，结合实践经验，规定因易燃、易爆、剧毒、放射性等高度危险物造成他人损害的应当承担无过错责任，并根据其危险性特点，明确限定了其不承担责任和减轻责任情形。本法在侵权责任法的基础上，加强高度危险物和生物安全管理，完善高度危险责任，将“放射性”修改为“高放射性”，并增加“强腐蚀性”“高致病性”的列举。

1. 本条调整的范围涉及的是易燃、易爆、剧毒、高放射性、强腐蚀性、高致病性等高度危险物，不仅仅涉及列举的这几类，其他因其自然属性极易危及人身、财产的物品也适用本条的规定。

2. 本条规范的行为是对高度危险物的占有或者使用，承担责任的主体是占有人和使用人。高度危险物本身具有危及他人人身、财产的自然属性，但往往是因为在占有和使用当中造成他人损害。高度危险物的占有人和使用人必须采取可靠的安全措施，避免高度危险物造成他人损害。

3. 占有人或者使用人承担无过错责任。这里的“侵权责任”并不限于赔偿损失，而且应当包括在事故发生后，占有人或者使用人应当迅速采取有效措施，如组织抢救，防止事故扩大，减少人员伤亡和财产损失等。

4. 不承担责任和减轻责任情形。本条规定，能够证明损害是因受害人故意或者不可抗力造成的，占有人或者使用人不承担责任。本条规定这一免责事由主要考虑两点：第一，高度危险物虽然本身具有危险属性，但危险程度不及民用核设施和民用航空器，因此，在不承担和减轻责任上，应有所区别。第二，本条规定不可抗力作为不承担责任情形，符合实践中的实际情况。需要指出的是，不承担责任情形的举证责任在于占有人或者使用人，由其来证明损害是因为受害人故意或者不可抗力引起的，才能依法不承担责任。

此外，本条还明确规定了减轻责任的情形：被侵权人对损害的发生有重大过失的，可以减轻占有人或者使用人的责任。本条将减轻责任的情形，严格限定在受害人的“重大过失”，受害人有一般过失的，不能减轻占有人或者使用人的赔偿责任。至于什么是“重大过失”，可以在实践中根据占有人或者使用人是否已经尽到注意义务、受害人行为方式、因果关系等因素作具体判断。

第一千二百四十条　从事高空、高压、地下挖掘活动或者使用高速轨道运输工具造成他人损害的，经营者应当承担侵权责任；但是，能够证明损害是因受害人故意或者不可抗力造成的，不承担责任。被侵权人对损害的发生有重大过失的，可以减轻经营者的责任。

❖ **条文主旨** ❖

本条是关于从事高空、高压、地下挖掘活动或者使用高速轨道运输工具致害责任的规定。

❖ **条文解读** ❖

我们认为，由于从事高空、高压、地下挖掘活动、使用高速轨道运输工具，同使用民用核设施、民用航空器和占有、使用易燃、易爆、剧毒、放射性等高度危险物相比，危险性稍低，因此，民用核设施致害和民用航空器致害没有规定减责情形，第1239条和本条则规定了减责情形。被侵权人对损害的发生有“过失”而不是“重大过失”的情况下，可以减轻责任人的赔偿责任。在民法典编纂过程中，有的提出，本法第1239条规定的是高度危险物造成他人损害，本条规定的是高度危险活动造成他人损害，两者的危险程度应当差不多，建议两条在因被侵权人的过失免责上，规定一致。经研究，我们在本条将侵权责任法第73条规定的“被侵权人对损害的发生有过失的”修改为“被侵权人对损害的发生有重大过失的”，最终与第1239条和第1240条的减责情形保持了一致。

一、高空作业及责任承担

高空作业又称为高处作业，根据高处作业分级规定，凡距坠落高度基准面2米及其以上，有可能坠落的在高处进行的作业，称为高处作业。根据这里的解释，民用航空运输不属于高空作业，在民用航空器飞行中因坠落物体造成地面人员损害的，应当适用民用航空法和本法关于民用航空器致人损害责任。如果是高空缆车造成他人损害的，则应属于高空作业，适用本条规定。

根据本条规定，从事高空活动造成他人损害的，应当承担无过错责任。如果能够证明损害因受害人故意或者不可抗力造成的，作业人不承担责任。如果从事高空活动的经营者能够证明被侵权人对损害的发生有重大过失的，可以减轻经营者的责任。

二、高压作业及责任承担

本条里的“高压”属于工业生产意义上的高压，包括高压电、高压容器等，在不同行业里认定高压的标准不同。

从事高压活动造成他人损害的，经营者应当承担侵权责任。本法侵权责任编编纂过程中，有的提出，本条“经营者”内涵不清，既然民法典合同编已经明确供电设施产权的概念，为保持前后内容一致，建议将“经营者”修改为“产权人”。我们研究认为，产权人的范围比经营者窄。有些设施不属于产权人，但在经营人管理之下的，仍然属于本条规定的承担责任的主体，因此没有对此进行修改。

在责任免除方面，从事高压作业的经营者能够证明损害是由受害人故意或者不可抗力造成的，不承担责任。受害人对损害的发生有重大过失的，可以减轻经营者的责任。

三、地下挖掘及责任承担

地下挖掘就是在地表下一定深度进行挖掘的行为。这里的“经营者”就是从事挖掘活动的作业单位。如果能够证明损害是因受害人故意或者不可抗力造成的，经营者不承担责任；能够证明被侵权人对损害的发生有重大过失的，可以减轻经营者的责任。需要指出的是，现实中，因地下挖掘如采矿而造成人员伤亡的，受害人多属于作业企业的职工。对受害职工的赔偿，应当依据工伤保险有关规定处理。

四、高速轨道运输工具及责任承担

高速轨道运输工具就是沿着固定轨道行驶的车辆。根据本条规定，责任主体是经营者，具体到高速轨道运输工具而言，经营者就是从事高速轨道运输的运输企业。如在铁路运输中，责任主体就是铁路运输企业。

根据本条规定，只有能够证明损害是因受害人故意或者不可抗力造成的，经营者才不承担责任。被侵权人对损害的发生有重大过失的，可以减轻经营者的责任。

第一千二百四十一条　遗失、抛弃高度危险物造成他人损害的，由所有人承担侵权责任。所有人将高度危险物交由他人管理的，由管理人承担侵权责任；所有人有过错的，与管理人承担连带责任。

❖ 条文主旨 ❖

本条是关于遗失、抛弃高度危险物造成他人损害的侵权责任的规定。

❖ 条文解读 ❖

一、遗失、抛弃高度危险物造成他人损害的，由所有人承担侵权责任

按照有关高度危险物的生产、储存和处置的安全规范，所有人应当采取必要的安全措施保管或者处置其所有的高度危险物。如果违反有关规定抛弃或者遗失高度危险物造成他人损害的，就应当承担侵权责任。这里的“侵权责任”不仅包括对受害人的赔偿，也包括应当积极采取补救措施，立即将抛弃的高度危险物妥善回收，防止损害扩大。如果遗失高度危险物的，应当立即组织力量追查寻找遗失的高度危险物，采取一切可能的警示措施，同时还要立即报告公安、环保等有关主管部门并配合采取应急措施。由于高度危险物本身的危险特性。同

时，考虑到遗失、抛弃高度危险物，其所有人往往是违反有关安全规范，本身有过错，因此，这里的责任应当更严格，这里的“侵权责任”是无过错责任。

二、所有人将高度危险物交由他人管理的，由管理人承担侵权责任

现实中，所有人根据生产、经营需要，将其所有的高度危险物交由他人管理。如所有人可能不具备大量储存高度危险物的条件，将生产所需的高度危险物交由符合条件的储存单位保管。有的因生产、经营需要将高度危险物通过运输交由他人占有、使用。管理人在这里就是指根据所有人的委托，对高度危险物进行占有并进行管理的单位，如专业的危险化学品仓储公司、危险化学品运输公司等。高度危险物的管理人应当具有相应的资质，并应当按照国家有关安全规范，妥善管理他人所交付的高度危险物。如果因为管理不善，遗失、抛弃高度危险物的，管理人应当承担侵权责任。

三、所有人有过错的，与管理人承担连带责任

所有人将高度危险物交由他人管理的，应当选择有相应资质的管理单位，并如实说明高度危险物的名称、性质、数量、危害、应急措施等情况。如果所有人未选择符合资质的管理人，或者未如实说明有关情况，所有人即有过错。如果管理人抛弃、遗失高度危险物造成他人损害的，所有人与管理人承担连带责任。被侵权人可以要求所有人承担侵权责任，或者要求管理人承担侵权责任，也可以要求所有人和管理人共同承担侵权责任。在对内关系上，所有人和管理人根据各自的责任大小确定各自的赔偿数额；难以确定的，平均承担赔偿责任。支付超出自己赔偿数额的连带责任人，有权向其他连带责任人追偿。

第一千二百四十二条　非法占有高度危险物造成他人损害的，由非法占有人承担侵权责任。所有人、管理人不能证明对防止非法占有尽到高度注意义务的，与非法占有人承担连带责任。

❖ 条文主旨 ❖

本条是关于非法占有高度危险物造成他人损害的侵权责任的规定。

❖ 条文解读 ❖

一、非法占有高度危险物造成他人损害的，由非法占有人承担侵权责任

非法占有，是指明知自己无权占有，而通过非法手段将他人的物品占为己有。现实中，盗窃、抢劫、抢夺都是非法占有的主要形式。按照高度危险物致害责任原理，一般由实际控制人承担侵权责任。在高度危险物被非法占有的情况下，高度危险物已经脱离所有人或者管理人的实际占有，由非法占有人实际控制。因此，应当由非法占有人承担侵权责任。为了加重非法占有人的责任，非法占有高度危险物造成他人损害的，非法占有人承担无过错责任。

二、所有人、管理人与非法占有人的连带责任

所有人或者管理人对其占有的高度危险物要尽到高度注意义务，采取严格的安全措施，妥善保管高度危险物，将高度危险物放置在特定的区域，并由专人看管，防止高度危险物被盗或者非法流失。如果所有人或者管理人未尽到高度注意义务，一旦导致高度危险物被非法占有，将对社会产生巨大危害，严重威胁周围人民群众的人身财产和公共安全。因此，应当加重所有人、管理人的责任，使其对自己的过失行为负责。此外，考虑到非法占有人可能没有赔偿能力，如果仅让其承担侵权责任，受害人得不到合理的赔偿，对受害人保护不力，也不利于促使高度危险物的所有人或者管理人加强管理，采取有效的安全措施。所以，所有人、管理人不能证明对防止非法占有尽到高度注意义务的，与非法占有人承担连带责任。如果是所有人自己的原因导致他人非法占有高度危险物的，由所有人与非法占有人承担连带责任。如果所有人将高度危险物交由他人管理，管理人的原因造成他人非法占有高度危险物的，由管理人与非法占有人承担连带责任。如果所有人和管理人都有过错的，所有人、管理人和非法占有人一起承担连带责任。需要指出的是，是否尽到高度注意义务的举证责任在所有人、管理人，如果他们不能证明已尽到高度注意义务，就推定其有过错，应当与非法占有人承担连带责任，受害人可以要求所有人、管理人、非法占有人中任何人，部分或者全部承担侵权责任。

第一千二百四十三条　未经许可进入高度危险活动区域或者高度危险物存放区域受到损害，管理人能够证明已经采取足够安全措施并尽到充分警示义务的，可以减轻或者不承担责任。

❖ 条文主旨 ❖

本条是关于未经许可进入高度危险活动区域或者高度危险物存放区域致害责任承担的规定。

❖ 条文解读 ❖

高度危险责任的类型非常复杂，一般来说，对于高度危险作业活动，即高度危险作业人积极、主动地对周围环境实施具有高度危险的活动，作业人应当承担无过错责任。高度危险责任中除了这一类对周围环境实施积极、主动危险活动的高度危险作业外，还包括另一类，它并非积极、主动实施对周围环境造成高度危险的活动，而是因其管理控制的场所、区域具有高度危险性，如果未经许可擅自进入该区域，则易导致损害的发生，即高度危险活动区域或者高度危险物存放区域责任。如果将对高度危险场所、区域的控制和管理也视为高度危险活动，这一类高度危险活动是静态的，不像高度危险作业活动一样对周围环境实施了积极、主动的危险。虽然二者都属于高度危险责任，但在免责和减责事由上，二者应有所区别。因此，本条规定，未经许可进入高度危险活动区域或者高度危险物存放区域受到损害，管理人能够证明已经采取足够安全措施并尽到充分警示义务的，可以减轻或者不承担责任。

本条是在侵权责任法第 76 条的基础上修改完善而来：一是有的提出，侵权责任法“管理人已经采取安全措施并尽到警示义务的”这一表述看不出举证责任是否应当由管理人负担。因此，本法将“管理人已经采取”修改为“管理人能够证明已经采取”，以明确举证责任，这并没有改变侵权责任法第 76 条的规则，只是更明确而已。二是有的提出，本章的高度危险责任，针对的是高度危险行为。应当提高高度危险活动区域或者高度危险物存放区域的管理人的义务。经研究，将侵权责任法第 76 条中“采取安全措施”修改为“采取足够安全措施”，将“尽到警示义务”修改为“尽到充分警示义务”。这一修改意在突出行为的高度危险性，也系采纳学界和司法实践各方意见。

一般来说，高度危险活动区域或者高度危险物存放区域都同社会大众的活动场所相隔绝。如果在管理人已经采取足够安全措施并且尽到充分警示义务的情况下，受害人未经许可进入该高度危险区域这一行为本身就说明受害人对于损害的发生具有过错。例如，出于自杀的故意积极追求损害的发生；或者出于过失，虽然看到警示标识但轻信自己能够避免。上述两种情况下，高度危险活动区域或者高度危险物存放区域的管理人可以减轻或者不承担责任。

第一千二百四十四条　承担高度危险责任，法律规定赔偿限额的，依照其规定，但是行为人有故意或者重大过失的除外。

◆ 条文主旨 ◆

本条是关于高度危险责任赔偿限额的规定。

◆ 条文解读 ◆

高度危险责任属于无过错责任，其重要特点之一就是不论行为人对损害的发生是否具有过错，高度危险责任人都必须对损害承担责任，除非法律另有规定。因此，法律对于高度危险责任人的要求非常严格。但是，从行业的发展和权利义务平衡的角度来看，法律必须考虑在这种严格责任的前提下，有相应责任限额的规定，这也是许多国家在高度危险责任立法上的一致态度。我国现行法律对于高度危险责任赔偿限额问题也有比较明确的规定，对此，如果法律对不同类型的高度危险责任有赔偿限额规定的，要依照其规定。目前，我国主要在航空、铁路和核事故中规定了高度危险责任赔偿限额。虽然海上运输损害赔偿有《中华人民共和国港口间海上旅客运输赔偿责任限额规定》，但海上运输方式是否为高度危险作业，尚有争议。

一、关于民用航空器致人损害的赔偿限额

民用航空法第128条至第130条规定了民用航空器致人损害的赔偿限额。除此之外，相关的规范性文件还有《国内航空运输承运人赔偿责任限额规定》第3条至第5条的规定。

二、关于民用核设施发生核事故致人损害的赔偿限额

《国务院关于核事故损害赔偿责任问题的批复》第7项对此作了规定。

三、高度危险责任赔偿限额的例外

侵权责任法第76条并未规定高度危险责任赔偿限额的例外。本法编纂过程中，有的提出，高度危险责任是无过错责任，承担这种责任无须考虑侵权人的过错；但是，如果受害人举证证明侵权人存在过错，那么在受害人损失明显大于赔偿标准时，仍然适用限额标准存在不公平。我们对此研究认为，民用航空法第132条规定："经证明，航空运输中的损失是由于承运人或者其受雇人、代理人的故意或者明知可能造成损失而轻率地作为或者不作为造成的，承运人无权援用本法第一百二十八条、第一百二十九条有关赔偿责任限制的规定；证明承运人的受雇人、代理人有此种作为或者不作为的，还应当证明该受雇人、代理人是在受雇、代理范围内行事。"该条已经以立法的形式明确了承担高度危险责任的人有过错时，不适用责任限额的规定。可以认为，当适用无过错责任的责任限额会导致明显不公平时，应当允许对责任限额制度作出例外规定，即无过错责任与过错责任相互之间变通适用。如果被侵权人能够举证证明侵权人有过错，可以适用过错责任；而在被侵权人不能或者难以举证证明侵权人有过错时，可以适用严格责任要求依照赔偿限额标准获得赔偿。这种有限度的突破限额赔偿制度，使受害人权益之保护愈加完善，同时也能有效督促危险责任保有人尽安全注意义务，努力避免损害之发生。因此，本条在侵权责任法第76条的基础上增加了“但书”规定。

第九章　饲养动物损害责任

本章共七条，主要规定了饲养的动物致人损害的一般规定，未对动物采取安全措施的责任承担，禁止饲养的危险动物致害的责任，动物园的责任，遗弃、逃逸动物造成损害后的责任主体，第三人过错致使动物造成他人损害责任等问题。

第一千二百四十五条　饲养的动物造成他人损害的，动物饲养人或者管理人应当承担侵权责任；但是，能够证明损害是因被侵权人故意或者重大过失造成的，可以不承担或者减轻责任。

❖ 条文主旨 ❖

本条是关于饲养的动物致人损害的一般规定。

❖ 条文解读 ❖

饲养动物致人损害是间接侵权引发的直接责任的责任形态，加害行为是人的行为与动物的行为的复合。人的行为，是指人对动物的所有、占有、饲养或者管理。动物的行为是直接的加害行为。这两种行为相结合，才能构成侵权行为。

一、饲养的动物致人损害的归责原则

动物致人损害是过错推定责任，构成要件是：饲养的动物；动物的加害行为；造成他人损害的事实；动物加害行为与损害之间的因果关系。

侵权责任法第78条规定的目的就是要促使动物饲养人或者管理人能够认真、负责地担负起全面的注意、防范义务，以保护公众的安全。任何动物，其本性都决定了不同程度地存在致人损害的危险。由于动物的饲养人或者管理人对动物负有管束的义务，因而也就必须对动物所具有的危险性负责，保证其动物不至于造成他人损害。而一旦这种危险性造成损害，动物的饲养人或者管理人就应承担民事责任，除具有法定的抗辩事由外，不能免责。侵权责任法第78条同时规定法定抗辩事由。本条继承了侵权责任法第78条的规定。

二、“饲养的动物”范围

普遍认为，“饲养的动物”应同时具备：为特定的人所有或者占有；饲养人或者管理人对动物具有适当程度的控制力；依动物自身的特性，有可能对他人或者财产造成损害；该动物为家畜、家禽、宠物或者驯养的野兽、爬行类动物等。对于自然保护区或者野生动物保护区的野兽，虽然可能为人们在一定程度上所饲养或者管理，如定期投放食物，甚至为其生存和繁殖提供了适宜的条件和环境，但人们对它的控制力较低。因此，野生动物不能列入本法所说“饲养的动物”。

三、动物致害责任的赔偿主体

动物的饲养人或者管理人都是责任主体。动物的饲养人是指动物的所有人，即对动物享有占有、使用、收益、处分权的人；动物的管理人，是指实际控制和管束动物的人，管理人对动物不享有所有权，而只是根据某种法律关系直接占有和控制动物。当动物的饲养人与管理人为不同人时，管束动物的义务由饲养人转移给管理人，这时的赔偿主体应为管理人。至于管理人是有偿管理还是无偿管理，是长期管理还是临时管理，在所不问。

有的意见提出，“动物饲养人或者管理人”说明不了物权关系，建议修改为“所有人”“管理人”“占有人”“保有人”。有人认为，还是沿用民法通则“动物饲养人或者管理人”为好。侵权责任法沿袭了民法通则的表述，本法沿袭了侵权责任法的表述，仍用“动物饲养人或者管理人”。本条的目的是规定承担责任的主体，而不是规范物的归属关系。

四、抗辩事由

因被侵权人自己故意或者重大过失造成损害的，动物的饲养人或者管理人可以不承担或者减轻责任。

在动物致害中，有时被侵权人故意或者重大过失是诱发动物致害的直接原因，是引起损害的全部或者主要原因，也就是说，被侵权人致害，是因自己挑逗、刺激等诱发动物的行为直接造成的。如果被侵权人的行为不足以诱发动物，其过失只是引起损害的部分原因或者次要原因，则不能认为被侵权人在该损害中存在故意或者重大过失。例如，甲明知乙有一条性情暴躁的狗且经常咬人，但甲必须从乙的家门路过，当甲路过乙的门口时，乙的狗突然蹿出来把甲咬伤。此案中就不得认定甲是有重大过失的。因为甲的行为本身不能直接诱发动物损害，与动物损害没有必然的因果关系。

被侵权人是否存在故意或者重大过失，具体行为在不同的案件中是不相同的。在动物侵权案件中，对于被侵权人有故意或者重大过失的认定都是非常严格的，否则，任何主动接近动物的行为如果被认定为是故意或者重大过失的行为，那就会造成对动物饲养人或者管理人的偏袒，失去社会的公平。同时，被侵权人有故意或者重大过失的，动物饲养人或者管理人可以不承担或者减轻责任，这对饲养人或者管理人也是公平的。

五、举证责任倒置

动物饲养人或者管理人如果想要减轻或者不承担责任，就必须证明被侵权人的损害是因为他自己行为的故意或者重大过失造成的。如果举证不足或者举证不能，动物饲养人或者管理人就应承担动物致害的赔偿责任。

六、动物饲养人或者管理人的义务

动物饲养人或者管理人应该谨慎管束动物，肩负起对自己、对社会、对公众负责任的义务，这样有利于切实保障广大人民群众的人身和财产安全，维护社会的稳定和正常秩序。

第一千二百四十六条　违反管理规定，未对动物采取安全措施造成他人损害的，动物饲养人或者管理人应当承担侵权责任；但是，能够证明损害是因被侵权人故意造成的，可以减轻责任。

❖ 条文主旨 ❖

本条是关于未对动物采取安全措施造成他人损害的责任承担的规定。

❖ 条文解读 ❖

随着饲养宠物人群的不断增多，社会上无序养宠物、违规养宠物的情况日益突出，动物伤人的事件逐年呈上升趋势。基于此问题的严重性，为维护百姓的人身和财产安全，侵权责任法第79条对动物致人损害的侵权责任作了严格的规定，但并未规定免责事由，即使被侵权人对损害的发生有过错，动物饲养人或者管理人也不能减轻或者不承担责任。在民法典编纂过程中，有的意见提出，违反管理规定饲养动物，造成损害的，动物饲养人或者管理人承担的是无过错责任。但如果损害确系被侵权人的原因造成的，这种情况下动物饲养人或者管理人不能减免责任，会出现被侵权人因为没有责任，去主动挑逗、触摸动物，从而引发更多的损害情形发生。为了督促被侵权人正确认识自己的行为及可能产生的后果，应当规定责任减免条款。我们研究认为，在违反管理规定的情况下免除动物饲养人或者管理的责任显然是不合适的，但是可以在某些情况下适当减轻其责任。所以，在继承侵权责任法第 79 条的基础上，本条增加规定，“但是，能够证明损害是因被侵权人故意造成的，可以减轻责任”。该规定同样是举证责任倒置。

第一千二百四十七条　禁止饲养的烈性犬等危险动物造成他人损害的，动物饲养人或者管理人应当承担侵权责任。

❖ 条文主旨 ❖

本条是关于对禁止饲养的烈性犬等危险动物致人损害责任的规定。

❖ 条文解读 ❖

饲养烈性动物有较大的危害性。我国很多的地方性法规对禁止饲养的烈性犬和大型犬作了明确的规定。为确保群众人身安全，本条对动物伤人的侵权行为作出了非常严格的规定，只要违反管理规定饲养了烈性犬等危险动物，并造成他人损害的，动物饲养人或者管理人就应当承担侵权责任，没有任何的免责事由可以援引。本条规定了如此严格的责任就是引导饲养危险动物的人认识到自己的社会责任和法律责任，为动物、为自己、为他人着想，不要违反规定饲养危险动物。

另外，需要说明一下属于大型犬的导盲犬的问题。导盲犬作为一种特殊的工作犬，必须要具备非常严格的条件，不仅要性情温和，喜欢与人在一起，不具有攻击性，不会对他人安全产生威胁。我国残疾人保障法强调对残疾人各项“自立生活”权利的保护。第 58 条专门规定：“盲人携带导盲犬出入公共场所，应当遵守国家有关规定。”

第一千二百四十八条　动物园的动物造成他人损害的，动物园应当承担侵权责任；但是，能够证明尽到管理职责的，不承担侵权责任。

◆ 条文主旨 ◆

本条是关于动物园的动物致人损害责任承担的规定。

◆ 条文解读 ◆

本条继承了侵权责任法第 81 条的规定。在侵权责任法起草过程中，对动物园的动物造成他人损害，动物园应当承担什么责任，就有较大争论。有的认为，作为一个公共场所，动物园应承担比较严格的责任。有人提出，被侵权人的伤害，有些时候是因为自己不遵守动物园的规定，无视警示牌、不听工作人员的劝阻，擅自挑逗动物造成的，如果动物园已尽到管理责任的，应减轻或者不承担责任。

民法典编纂过程中，有的提出，本条为过错推定责任，但会造成动物园的动物致害责任与普通人饲养动物致害责任之间的评价矛盾。第一，动物园饲养的动物比普通人饲养的动物可能更危险，能够证明尽到管理职责的，不承担侵权责任，根据本法第 1245 条的规定，普通动物饲养人能够证明损害是因被侵权人故意或者重大过失造成的，可以不承担或者减轻责任。这样，普通动物饲养人减免责任的难度更大，两者规定不够合理。第二，动物园拥有专业的设施和人员，相对于普通动物饲养人来说，风险防范能力更强。这些观点都有一定道理。最终，本条规定，动物园的动物造成他人损害的，动物园应当承担侵权责任，但能够证明尽到管理职责的，不承担责任。也就是说，本条适用过错推定责任，动物园负有高度注意义务，只有能够证明已经采取足够的安全措施，并尽到充分的警示义务，才能认定为没有过错。如果动物园能够证明设施、设备没有瑕疵、有明显的警示牌，管理人员对游客挑逗、投打动物或者擅自翻越栏杆靠近动物等行为进行了劝阻，该尽的管理职责已经做到了，那么动物园就可以不承担侵权责任。

还有一个问题需要说明，关于野生动物致人损害的问题。野生动物保护法第 14 条规定："各级野生动物保护主管部门应当监视、监测环境对野生动物的影响。由于环境影响对野生动物造成危害时，野生动物保护主管部门应当会同有关部门进行调查处理。"第 19 条规定："因保护本法规定保护的野生动物，造成人员伤亡、农作物或者其他财产损失的，由当地人民政府给予补偿。具体办法由省、自治区、直辖市人民政府制定。有关地方人民政府可以推动保险机构开展野生动物致害赔偿保险业务。有关地方人民政府采取预防、控制国家重点保护野生动物造成危害的措施以及实行补偿所需经费，由中央财政按照国家有关规定予以补助。"从上述规定可以看出，实践中对受到损害的单位和个人已经有了相关的救济措施。因此，本法对野生动物致害问题就没有再作专门规定。

第一千二百四十九条　遗弃、逃逸的动物在遗弃、逃逸期间造成他人损害的，由动物原饲养人或者管理人承担侵权责任。

❖ 条文主旨 ❖

本条是关于遗弃、逃逸的动物在遗弃、逃逸期间造成他人损害责任的规定。

❖ 条文解读 ❖

对流浪动物的问题作出规定，明确饲养人和管理人的管理责任，有助于从源头遏制遗弃饲养的动物，看管好自己饲养的动物以防丢失的情况发生。鉴于流浪动物问题的严重性，侵权责任法第 82 条规定了遗弃、逃逸的动物在遗弃、逃逸期间造成他人损害的，由原动物饲养人或者管理人承担侵权责任。本条继承了侵权责任法第 82 条的规定。

动物的遗弃，是指动物饲养人抛弃了动物。逃逸的动物，是指饲养人暂时地丧失了对该动物的占有和控制。

对动物在失去饲养人或者管理人控制下造成他人损害的，无论是动物饲养人或者管理人遗弃动物，还是未尽到管理责任致使动物逃逸，其行为都是加剧了动物对人和社会的危险性，而损害的事实正是由于动物在失去人为的管理和控制下任意流动的危险性所导致。因此，为了社会公众利益，为了充分保护被侵权人利益，遗弃、逃逸动物的原饲养人或者管理人就应当对自己遗弃动物的行为，以及疏于管理没有尽到管理义务的行为承担责任。

第一千二百五十条　因第三人的过错致使动物造成他人损害的，被侵权人可以向动物饲养人或者管理人请求赔偿，也可以向第三人请求赔偿。动物饲养人或者管理人赔偿后，有权向第三人追偿。

❖ 条文主旨 ❖

本条是关于因第三人的过错致使动物造成他人损害责任承担的规定。

❖ 条文解读 ❖

现实中经常发生的动物伤人事件，并非被侵权人自己有过错，也非动物独立行为致人伤害，很多情形是由于第三人的原因致使动物伤及他人。如某甲故意在马身边按车喇叭，致使拴在木桩上的马受惊挣脱绳子，冲出去撞伤了行人。本条就是要解决因第三人的原因，造成动物伤害他人的赔偿问题。

一、第三人的过错

第三人的过错是指被侵权人和动物饲养人或者管理人以外的人对动物造成损害有过错。第三人的过错在大多数场合表现为：有意挑逗、投打、投喂、诱使动物，其后果致使他人受到人身或者财产的损害，其实质是实施了诱发动物致害的行为。

二、对被侵权人救济的选择权

本条赋予了被侵权人的选择权，被侵权人既可以请求第三人承担赔偿责任，也可以请求动物饲养人或者管理人承担赔偿责任。赋予被侵权人的选择权，一方面可使被侵权人获得法律救济、得到实际赔偿的可能性增大；另一方面也会使动物饲养人对动物的管理更加尽到注意义务，从而减少动物伤人的机会。这样的设计可以让被侵权人受到更多的保护。

三、动物饲养人或者管理人的追偿权

动物饲养人或者管理人之所以享有追偿权，是因为动物饲养人或者管理人实际上是代替第三人履行的赔偿义务，在动物饲养人或者管理人与第三人之间，第三人仍然是责任的最终承担者。这样规定，一方面有利于被侵权人及时获得救济，另一方面也是维护动物饲养人或者管理人自身权益的一项重要手段。

第一千二百五十一条　饲养动物应当遵守法律法规，尊重社会公德，不得妨碍他人生活。

❖ 条文主旨 ❖

本条是关于饲养动物应当遵守法律的规定。

❖ 条文解读 ❖

动物的一切行为约束全部靠动物饲养人或者管理人的管制。既然饲养了动物，饲养人就应该意识到自己担负着遵守社会公德和保护公共环境的双重社会责任，不能放任宠物侵扰他人的正常生活，应该按照规定饲养动物：一是动物饲养人或者管理人在携犬出户时，应当对犬束犬链，由成年人牵领，并应当避让老年人、残疾人、孕妇和儿童。二是动物饲养人或者管理人不得让动物干扰他人正常生活。犬吠影响他人休息时，养犬人应当采取有效措施予以制止。三是不得携宠物进入市场、商店、商业街区、饭店、公园、公共绿地、学校、医院、展览馆、影剧院、体育场馆、社区公共健身场所、游乐场、候车室等公共场所；不得携宠物乘坐除小型出租汽车以外的公共交通工具；携宠物乘坐小型出租汽车时，应征得驾驶员的同意，并做好防护安全措施。四是饲养宠物要定期为其注射预防疾病疫苗、狂犬病疫苗和必要的医疗保健措施；不抛弃、不放弃饲养的宠物。五是携宠物出户时，对在户外排泄的粪便应当立即清除等。

第十章　建筑物和物件损害责任

本章共七条，主要规定了建筑物、构筑物或者其他设施倒塌、塌陷造成他人损害责任，建筑物、构筑物或者其他设施及其搁置物、悬挂物发生脱落、坠落造成他人损害责任，从建筑物中抛掷物品或者从建筑物上坠落的物品造成他人损害责任，堆放物造成他人损害责任，在公共道路上堆放、倾倒、遗撒妨碍通行的物品造成他人损害责任，林木造成他人损害责任，在公共场所或者道路上挖坑、修缮安装地下设施等造成他人损害责任，窨井等地下设施造成他人损害责任。

侵权责任法第十一章的章名为“物件损害责任”，在民法典侵权责任编编纂过程中，有的提出，从语义上看，“物件”似乎无法涵盖有关“建筑物”等情形，可能使人造成误解。因此，本法将侵权责任法的“物件损害责任”修改为“建筑物和物件损害责任”。本章所指建筑物和物件包括建筑物、构筑物或者其他设施及其搁置物、悬挂物、堆放物、妨碍通行物和林木等。建筑物和物件损害责任，是指建筑物、构筑物或者其他设施及其搁置物、悬挂物、堆放物、妨碍通行物和林木等由于存在缺陷或者疏于管理、维护等，造成他人损害，侵权人应当承担的侵权责任。

第一千二百五十二条　建筑物、构筑物或者其他设施倒塌、塌陷造成他人损害的，由建设单位与施工单位承担连带责任，但是建设单位与施工单位能够证明不存在质量缺陷的除外。建设单位、施工单位赔偿后，有其他责任人的，有权向其他责任人追偿。

因所有人、管理人、使用人或者第三人的原因，建筑物、构筑物或者其他设施倒塌、塌陷造成他人损害的，由所有人、管理人、使用人或者第三人承担侵权责任。

❖ 条文主旨 ❖

本条是关于建筑物、构筑物或者其他设施倒塌、塌陷造成他人损害责任的规定。

❖ 条文解读 ❖

侵权责任法第 86 条对建筑物、构筑物或者其他设施倒塌造成他人损害的情形作了规定。针对实践中有的地方发生地面坍塌致人损害，严重危害人民群众的人身财产安全的情况，民法典本条在侵权责任法的基础上增加了“坍塌”这种情形。

本条所说的倒塌、塌陷，是指建筑物、构筑物或者其他设施坍塌、倒覆，造成该建筑物、构筑物或者其他设施丧失基本使用功能。例如，楼房倒塌、桥梁的桥墩坍塌、电视塔从中间折断、烟囱倾倒、地面塌陷等。

一、建设单位与施工单位的连带责任、例外情形以及追偿权

（一）连带责任

侵权责任法立法过程中，有的意见认为，应当规定由建设单位、设计单位、施工单位、监理单位等承担连带责任。经研究，侵权责任法第 86 条第 1 款，将勘察单位、设计单位和监理单位作为“其他责任人”处理。民法典侵权责任编继承了侵权责任法的规定。

一是建设单位。实践中，房地产开发企业、机关和工厂是比较常见的建设单位。建设单位是建设工程合同的发包人，参与工程建设的很多环节，对建设工程的质量有很大的影响。二是施工单位。实践中，建筑公司是比较常见的施工单位。施工单位负责建设工程的具体施工工作，对建设工程质量有比较直接的影响，应当对建设工程的质量负责。

根据本条第 1 款的规定，由建设单位与施工单位承担连带责任。

（二）除外情形

在民法典编纂过程中，有的提出，一律规定建设单位与施工单位承担连带责任，在不存在工程质量的情况下，是否有必要。经过综合考虑，在本条增加了“但书”规定，即建设单位与施工单位能够证明不存在质量缺陷的，不承担连带责任。

（三）建设单位和施工单位赔偿后，有其他责任人的，有权向其他责任人追偿

一般来讲，本条第1款规定的“其他责任人”，主要包括勘察单位、设计单位、监理单位及其他责任人。例如，负责颁发建筑工程施工许可证的部门。

二、因所有人、管理人、使用人或者第三人的原因，建筑物、构筑物或者其他设施倒塌、塌陷造成他人损害的，由所有人、管理人、使用人或者第三人承担侵权责任

建筑物、构筑物或者其他设施倒塌、塌陷有多种原因，有的是因质量不合格，有的是由于年久失修，有的是业主擅自改变承重结构，不宜都由建设单位、施工单位承担责任。因此，本条第2款规定，因所有人、管理人、使用人或者第三人的原因，建筑物、构筑物或者其他设施倒塌、塌陷造成他人损害的，由所有人、管理人、使用人或者第三人承担侵权责任。侵权责任法第86条规定的是因“其他责任人的原因”，在民法典侵权责任编编纂过程中，有的提出，本条第1款、第2款均有“其他责任人”的表述，含义不同，容易引起误解。我们认为，第1款中的“其他责任人”主要是指与建筑物、构筑物或者其他设施的建设、施工相关的主体，如建设单位、施工单位、监理单位、勘察单位等。第2款中的“其他责任人”主要是指暴力装修的所有权人等房屋的使用人。为了避免误解与理解上出现混淆，我们将第2款中的“其他责任人”修改为“所有人、管理人、使用人或者第三人”。

第一千二百五十三条　建筑物、构筑物或者其他设施及其搁置物、悬挂物发生脱落、坠落造成他人损害，所有人、管理人或者使用人不能证明自己没有过错的，应当承担侵权责任。所有人、管理人或者使用人赔偿后，有其他责任人的，有权向其他责任人追偿。

❖ 条文主旨 ❖

本条是关于建筑物、构筑物或者其他设施及其搁置物、悬挂物发生脱落、坠落造成他人损害责任的规定。

❖ 条文解读 ❖

在民法通则、司法解释和司法实践经验的基础上，侵权责任法第 85 条对建筑物、构筑物或者其他设施及其搁置物、悬挂物脱落、坠落造成他人损害责任作了规定。在编纂民法典侵权责任编时，在继承侵权责任法第 85 条、第 86 条规定的同时，将两条的顺序互换，使得本条与下一条关于“建筑物抛物坠物”责任的规定更为紧密。

一、有关术语

建筑物，是指人工建造的、固定在土地上，其空间用于居住、生产或者存放物品的设施，如住宅、写字楼、车间、仓库等。

构筑物或者其他设施，是指人工建造的、固定在土地上、建筑物以外的某些设施，如道路、桥梁、隧道、城墙、堤坝等。

建筑物、构筑物或者其他设施上的搁置物、悬挂物，是指搁置、悬挂在建筑物、构筑物或者其他设施上，非建筑物、构筑物或者其他设施本身组成部分的物品。例如，搁置在阳台上的花盆、悬挂在房屋天花板上的吊扇、脚手架上悬挂的建筑工具等。

建筑物、构筑物或者其他设施及其搁置物、悬挂物脱落、坠落，是指建筑物、构筑物或者其他设施的某一个组成部分以及搁置物、悬挂物从建筑物、构筑物或者其他设施上脱落、坠落。例如，房屋墙壁上的瓷砖脱落、房屋天花板坠落、吊灯坠落、屋顶瓦片滑落、房屋窗户玻璃被风刮碎坠落、阳台上放置的花盆坠落等。

二、责任主体

建筑物、构筑物或者其他设施的所有人、管理人或者使用人应当对建筑物、构筑物或者其他设施及其搁置物、悬挂物进行合理的管理、维护，避免给他人造成损害。本条规定了三个侵权责任主体：一是所有人，承担维护、管理的义务，应当依法承担侵权责任。二是管理人，指对建筑物等设施及其搁置物、悬挂物负有管理、维护义务的人。三是使用人，指因租赁、借用或者其他情形使用建筑物等设施的人。

三、归责原则

1. 本条采用过错推定原则，既符合社会生活的实际情况，也有利于保护被侵权人的合法权益。

2. 所有人、管理人或者使用人赔偿后，有其他责任人的，有权向其他责任人追偿。实践中，有时损害的发生除了与所有人、管理人或者使用人的过错有关外，还与其他人有关，只是该其他人不直接对被侵权人承担侵权责任。但是，所有人、管理人或者使用人向被侵权人赔偿后，有权向该其他责任人追偿。

第一千二百五十四条　禁止从建筑物中抛掷物品。从建筑物中抛掷物品或者从建筑物上坠落的物品造成他

人损害的，由侵权人依法承担侵权责任；经调查难以确定具体侵权人的，除能够证明自己不是侵权人的外，由可能加害的建筑物使用人给予补偿。可能加害的建筑物使用人补偿后，有权向侵权人追偿。

物业服务企业等建筑物管理人应当采取必要的安全保障措施防止前款规定情形的发生；未采取必要的安全保障措施的，应当依法承担未履行安全保障义务的侵权责任。

发生本条第一款规定的情形的，公安等机关应当依法及时调查，查清责任人。

❖ 条文主旨 ❖

本条是关于从建筑物中抛掷物品或者从建筑物上坠落的物品造成他人损害责任的规定。

❖ 条文解读 ❖

实践中，从建筑物上抛掷物、坠落物致人损害的情形时有发生，“头顶上的安全”引起社会的广泛关注。对侵权责任法第 87 条的规定各方面一直有很大意见。在民法典侵权责任编的编纂过程中，如何对本条修改，是否删除本条规定，是各方面关注的焦点之一。经过反复研究、慎重考虑、大量调研、听取意见和建议后认为，从建筑物中抛掷物品或者从建筑物上坠落的物品造成他人损害的民事责任主要涉及两种情况：一是责任人容易明确的情形。建筑物的构成部分或者建筑物上的搁置物、悬挂物发生脱落、坠落，这种情形下责任人较容易被发现。二是责任人不容易明确的情形。对于这种情形，“由可能加害的建筑物使用人给予补偿”。“可能加害的建筑物使用人”

必须限定在一定的合理范围内，不能机械地无限扩大至建筑物中的所有人。

民法典侵权责任编草案三审稿对侵权责任法第 87 条作了重大修改。对修改稿的内容，有的提出，实践中建筑物管理人主要是物业服务企业，建议明确列举出物业服务企业。经研究，我们采纳这一意见。2020 年 5 月民法典提交十三届全国人大三次会议审议过程中，有的提出，高空抛物或者坠物行为危害公共安全，公安机关有责任进行调查以查清责任人。经研究，我们采纳了这一建议。

一、禁止从建筑物中抛掷物品

我国的民事法律规范极少使用“禁止”性的表述，盖因民事法律是调整平等主体之间权利义务的规范，以自由意志为导向。本条规定禁止性规定，是对从建筑物中抛掷物品行为的严厉谴责和禁止。

二、从建筑物中抛掷物品或者从建筑物上坠落的物品

如果物体并非从建筑物中抛掷或坠落，不适用该规定。

三、由侵权人依法承担侵权责任

从建筑物中抛掷物品或者从建筑物上坠落的物品造成他人损害的，应当由侵权人依法承担侵权责任，这是过错责任的体现。只有难以确定具体侵权人的，才适用本条的补偿规定。

四、经调查难以确定具体侵权人

难以确定具体侵权人，是指无法确定物品具体是从哪一个房间抛掷、坠落的，因此无法确定具体的侵权人。本条在侵权责任法第 87 条的基础上，增加了“经调查”的表述。我们认为，从建筑物中抛掷物品或者从建筑物上坠落的物品，造成他人损害的，小区物业管理企业、公安等机关均应及时、缜密的调查取证，尽量查明侵权人。

五、关于可能加害的建筑物使用人

按照社会生活实践经验、科学手段等方法，可以推测认为抛掷物、坠落物有可能是从某人使用的建筑物中抛掷或坠落的，则该使用人就是本条所说的“可能加害的建筑物使用人”。当然，这种可能性必须在一定的合理范围内。

六、除能够证明自己不是侵权人的外，由可能加害的建筑物使用人给予补偿

本条采用举证责任倒置，由建筑物使用人证明自己不是侵权人。建筑物使用人不能证明自己不是侵权人的，要对被侵权人受到的损害进行补偿。如果有证据能够确定具体的侵权人，则其他可能加害的建筑物使用人无须再举证证明自己不是侵权人。

七、发现真正侵权人后，承担了补偿的建筑物使用人具有追偿权

由可能加害的建筑物使用人对被侵权人给予补偿的，各个可能加害的建筑物使用人之间不承担连带责任，而是按份分别对被侵权人进行补偿。被侵权人不能要求某一个或一部分可能加害的建筑物使用人补偿其全部的损害，可能加害的建筑物使用人按照自己应承担的份额对被侵权人进行补偿后，也不能向其他可能加害的建筑物使用人追偿。但是，发现了真正侵权人的，可以向真正的侵权人进行追偿，以体现责任自负、社会公平。

八、物业服务企业等建筑物管理人的义务

物业服务企业与业主签订物业服务合同，应当履行合同约定的义务，及时采取合理措施制止、向有关行政主管部门报告并协助处理。因此，物业服务企业具有一定的安全保障义务，应当采取必要的安全保障措施。未采取必要的安全保障措施的，应当依法承担未履行安全保障义务的侵权责任。

九、公安等机关的及时调查义务

公安等机关是具有侦查权的机关，应当积极履职、为民服务，立案侦查，调查清楚具体的侵权人，尽可能减少难以确定具体侵权人的情形，不能推诿扯皮。

第一千二百五十五条　堆放物倒塌、滚落或者滑落造成他人损害，堆放人不能证明自己没有过错的，应当承担侵权责任。

❖ 条文主旨 ❖

本条是关于堆放物造成他人损害责任的规定。

❖ 条文解读 ❖

本条在继承侵权责任法第 88 条的基础上，根据实践的需要和有关建议，增加列举了“滚落或者滑落”两种情形。

堆放物，是指堆放在土地上或者其他地方的物品。堆放物须是非固定在其他物体上，如建筑工地上堆放的砖块、木料场堆放的圆木等。

本条所说的倒塌、滚落或者滑落，包括堆放物整体或者部分的倒塌、脱落、坠落、滑落、滚落等。例如，码头堆放的集装箱倒塌、建筑工地上堆放的建筑材料倒塌、伐木场堆放的圆木滚落等。

堆放人，是指将物体堆放在某处的人。堆放人可能是所有人，也可能是管理人。堆放人应当合理选择堆放地点、堆放高度，要堆放稳固并看管好堆放的物品，防止被他人随意挪动，防止他人特别是限制民事行为能力人和无民事行为能力人攀爬等。

本条采用过错推定原则。堆放人不能证明自己没有过错的，承担侵权责任。符合本法第 1178 条规定的，可以不承担或者减轻责任。

第一千二百五十六条　在公共道路上堆放、倾倒、遗撒妨碍通行的物品造成他人损害的，由行为人承担侵权责任。公共道路管理人不能证明已经尽到清理、防护、警示等义务的，应当承担相应的责任。

❖ 条文主旨 ❖

本条是关于在公共道路上堆放、倾倒、遗撒妨碍通行的物品造成他人损害责任的规定。

❖ 条文解读 ❖

一、关于公共道路

公共道路，是指公共通行的道路，主要依照根据公路法和公路管理条例确定。

二、关于堆放、倾倒、遗撒妨碍通行物

本条规定的堆放、倾倒、遗撒妨碍通行物，是指在公共道路上堆放、倾倒、遗撒的物品，影响他人对该公共道路正常、合理的使用。公共道路的使用关系公众的利益，在道路上堆放、倾倒、遗撒妨碍通行物，会对他人的安全造成不合理的危险。

在公共道路上堆放、倾倒、遗撒妨碍通行物，既可以是堆放、倾倒、遗撒固体物，也可以是倾倒液体、排放气体。

三、直接侵权人与公共道路管理人

侵权责任法第 89 条使用了“有关单位或者个人”的表述。在民法典侵权责任编编纂过程中，有的提出，本条应当对承担责任的主体作进一步细分。我们研究认为，在公共道路上堆放、倾倒、遗撒妨碍通行的物品的主体大致可分为两类：一类是具体实施该行为的侵权人；另一类是对公共道路具有养护、管理职责的主体。公共道路涉及公共安全，公共道路管理人对道路的管理职责中当然就包括了法定的防止因第三人的堆放、倾倒、遗撒等行为造成他人损害的义务。为了保障公共道路具有良好的使用状态，公共道路的管理、维护者要及时发现道路上出现的妨碍通行的情况并采取清理、防护、警示等合理的措施。如果没有尽到这种义务，应在未尽到职责的范围内承担相应的侵权责任。本条在侵权责任法第 89 条的基础上，区分了直接侵权人和公共道路管理人两种情况，作了进一步的细分和完善，公共道路管理人承担的是过错推定责任。

第一千二百五十七条　因林木折断、倾倒或者果实坠落等造成他人损害，林木的所有人或者管理人不能证明自己没有过错的，应当承担侵权责任。

❖ 条文主旨 ❖

本条是关于林木造成他人损害责任的规定。

❖ 条文解读 ❖

一、关于林木折断、倾倒或者果实坠落等情形

林木造成他人损害，不仅包括林木枝蔓等的掉落造成他人损害，还包括果实坠落砸伤路人、树木倒伏压坏路旁汽车等。侵权责任法第 90 条规定了“林木折断”，没有规定兜底情形。在民法典侵权责任编编纂过程中，有的提出，侵权责任法的规定不够全面，也没有“等”字兜底，林木倾倒、果实坠落等基于物件自身危险致人损害的情形无法囊括。本条增加列举了“倾倒或者果实坠落等”的情形。

二、关于林木的所有人或者管理人

林木的所有人或者管理人主要依照森林法确定，应当对林

木进行合理的维护，防止林木出现危害他人安全的情形。

三、归责原则

适用过错推定的归责原则，林木的所有人或者管理人不能证明自己没有过错的，应当承担侵权责任。

所有人或者管理人要证明自己没有过错，通常要证明其对林木已经尽到了管理、维护的义务。需要说明的是，很多时候，林木的折断表面上是由于自然原因或者第三人等的原因造成的，但实质上与所有人或者管理人的过错有关。如果林木的折断完全是因自然原因、第三人或者受害人的过错造成，林木的所有人或者管理人能够证明自己没有过错的，不承担侵权责任。

第一千二百五十八条　在公共场所或者道路上挖掘、修缮安装地下设施等造成他人损害，施工人不能证明已经设置明显标志和采取安全措施的，应当承担侵权责任。

窨井等地下设施造成他人损害，管理人不能证明尽到管理职责的，应当承担侵权责任。

❖ 条文主旨 ❖

本条是关于在公共场所或者道路上挖掘、修缮安装地下设施等造成他人损害责任，以及窨井等地下设施造成他人损害责任的规定。

❖ 条文解读 ❖

一、关于第 1 款规定的理解和使用

民法典侵权责任编在继承侵权责任法的基础上，作了一定的完善：一是调整了语序，明确了“造成他人损害”是“在公共场所或者道路上挖掘、修缮安装地下设施等”的后果，使本条表述更加清晰。二是将“没有设置”修改为“施工人不能证明已经设置”，使得过错推定归责原则的表示与本章其他条文的表述保持一致。

（一）在公共场所或者道路施工

公共场所是不特定人聚集、通行的场所，在这些场所施工，很有可能对他人造成损害，因此，需要更加注意保护他人的安全。在公共场所或者道路上施工，应当设置明显标志和采取安全措施，包括以下几个方面的内容：第一，设置的警示标志必须具有明显性。第二，施工人要保证警示标志的稳固并负责对其进行维护，使警示标志持续地存在于施工期间。第三，仅设置明显的标志不足以保障他人的安全的，施工人还应当采取其他有效的安全措施。

（二）关于施工人

公共场所或者道路施工致人损害的责任人是施工人。施工人直接控制着施工场地，因此应当承担对施工场地的管理和维护义务，保障他人的安全。

（三）在公共场所或者道路上施工与在公共道路上设置妨碍通行物

本条第 1 款与本法第 1256 条规定的情形，主要有如下区别：

一是发生的原因不同。公共场所或者道路上施工致人损害责任，是施工人在施工过程中没有设置明显标志和采取安全措施，造成他人损害时应当承担的侵权责任。在公共道路上设置妨碍通行物致人损害责任，是在公共道路上堆放、倾倒、遗撒妨碍通行的物品造成他人损害，有关的单位和个人应当承担的侵权责任。

二是责任主体不同。公共场所施工致人损害的责任主体是施工人，在公共道路上堆放、倾倒、遗撒妨碍通行的物品造成他人损害的责任主体是行为人和公共道路管理人。

（四）归责原则

本款采用过错推定归责原则，理由主要有：一是公共场所是人们经常聚集、活动和通行的地方，施工人必须采取严格的安全措施方能避免，采用过错推定与在公共场所施工的危险程度是相符合的。二是从救济受害人的角度考虑，施工人距离证据较近，有利于查明事实真相，采用过错推定更利于对受害人的救济。三是从体系解释的角度来看，本章规定的主要是过错推定责任，该条也应适用过错推定原则。

二、关于第2款规定的理解和使用

（一）窨井、地下设施及其管理人

窨井，是指上下水道或者其他地下管线工程中，为便于检查或疏通而设置的井状构筑物。其他地下设施包括地窖、水井、下水道以及其他地下坑道等。

窨井等地下设施的管理人，是指负责对该地下设施进行管理、维护的单位或者个人。城市地下设施复杂，例如，有输水、输油、输气、输电设施等，不同的地下设施可能属于不同的单位管理，在损害发生后要明确具体的管理人，由相关的管理人依法承担侵权责任。

（二）归责原则

本款适用过错责任推定归责原则，这样有利于保护被侵权人的利益，也有利于促使地下设施的管理人认真履行职责，确保窨井等地下设施的安全，保护公众合法权益。

附　　则

附则共两条，规定了民法有关术语的含义，民法典的施行日期和此前颁布的各单行民法的废止。

第一千二百五十九条　民法所称的“以上”、“以下”、“以内”、“届满”，包括本数；所称的“不满”、“超过”、“以外”，不包括本数。

❖ 条文主旨 ❖

本条是关于法律术语含义的规定。

❖ 条文解读 ❖

本条继承自民法总则第 205 条。在汉语词义的解释中，“以上”指的是位置或者数目等在某一点之上；“以下”指的是位置或者数目不高于某一点；“以内”指的是介于一定的时间、数量、范围之中；“届满”指的是规定的期限已满、到期；“不满”指的是不充满，量不足；“超过”指的是高出、超出；“以外”指的是一定的限制、界限或者范围之外。从上面的基本含义可以得知，“以上”“以下”“以内”“届满”，应当包括本数；“不满”“超过”“以外”，不包括本数。

在民法典编纂过程中，有的建议将本条中“民法”修改为“本法”或者“民法典”。我们研究认为，本条关于法律术语的含义，不仅仅是在民法典中适用，在民法典外的民商事单行法中均应适用，体现的是民商事法律基本术语准则。本法第 2 条规定的“民法调整平等主体的自然人、法人和非法人组织之间的人身关系和财产关系”使用的也是“民法”这一术语。因此，我们没有采纳上述意见。

第一千二百六十条　本法自2021年1月1日起施行。《中华人民共和国婚姻法》、《中华人民共和国继承法》、《中华人民共和国民法通则》、《中华人民共和国收养法》、《中华人民共和国担保法》、《中华人民共和国合同法》、《中华人民共和国物权法》、《中华人民共和国侵权责任法》、《中华人民共和国民法总则》同时废止。

❖ 条文主旨 ❖

本条是关于民法典的施行日期和此前颁布的各单行民法废止的规定。

❖ 条文解读 ❖

由于民法典在中国特色社会主义法律体系中具有非常重要的地位，是民事生活领域的基本法，有些制度是对过去各个时期民事单行法的重大修改完善，有些制度是创设性的全新制度，关系平等主体的日常生活、生产，内容丰富，涉及面广，需要在通过后留出一定的时间供社会各界学习、准备。因此，反复研究后，全国人大宪法和法律委员会建议民法典在2020年5月通过后，预留约7个月的时间，自2021年1月1日起施行，对此前的民事关系，民法典没有溯及力。

民法典系统编纂整合了《中华人民共和国婚姻法》等不同历史时期颁布的9部重要民事法律。自民法典施行之日，婚姻法、继承法、民法通则、收养法、担保法、合同法、物权法、侵权责任法和民法总则将被替代，不再适用。需要说明的是，2014 年十二届全国人大常委会十一次会议通过的《全国人民代表大会常务委员会关于〈中华人民共和国民法通则〉第九十九条第一款、〈中华人民共和国婚姻法〉第二十二条的解释》，作为民法通则和婚姻法的立法解释，也同步废止。